普通高等教育"十三五"经济与管理类专业核心课程规划教材

会 计 学

主 编 李宏畅

西安交通大学出版社
XI'AN JIAOTONG UNIVERSITY PRESS

内 容 提 要

　　本教材以《中华人民共和国会计法》和最新的《企业会计准则》为依据，结合会计实际工作的需要，对会计反映和监督所涉及的原理和实务问题进行了深入浅出的阐述。本教材共分10章，具体包括总论、会计核算基础、会计记账方法、主要经济业务的核算和成本计算、会计凭证、会计账簿、编制报表前的准备工作、会计报表、账务处理程序、会计工作的组织等内容。对于重点部分"主要经济业务的核算和成本计算"及"账务处理程序"这两章提供了大量实务练习题来巩固学习内容。通过本教材学习读者可以掌握会计学基本原理、基本方法和基本技能。

　　本教材既可作为普通高等院校经济管理类各专业的会计课程教学用书，也可作为广大经济管理人员、会计类专业师生和会计工作者的参考用书。

会计始终是处在发展与变化之中的,而教材也应该紧跟这种发展与变化。本教材基于简练、实用、系统的原则,站在管理的角度去学会计,主要是让学生掌握会计的基本原理和基本方法,让学生了解会计信息的加工过程,理解各项会计指标的经济含义,并能够熟练地运用各项会计政策和阅读会计报表。在编写中,力图将理论和实践相结合,继承与发展相统一。

本教材主要特点如下:

(1)结合最新的会计准则和实务变化。从 2007 年 11 月印发《企业会计准则解释第 1 号》,到 2014 年 1 月印发《企业会计准则解释第 6 号》,财政部针对准则实施过程中的具体问题进行了详细的讲解。2014 年财政部又陆续发布和修订了多条企业会计准则,与此同时和会计密切相关的一些税收法规在此期间也有了新的调整。本教材根据新会计准则所体现的新的会计理念,突出强调财务会计处理系统中的会计确认、会计计量和会计报告环节,并根据本课程的特点,具体介绍企业发生的各种交易或事项的会计记录(账务处理)。

(2)细化各章节例题,使会计学的内容更具体。本教材为适应会计教学的特点,针对各章的学习重点和难点,编写了复习思考题和实务训练题,并配有习题答案及教学课件,从而提高学生分析问题、解决问题的能力,让学生真正感觉到将来可以学以致用,从而提高学生学习的积极性。

本教材由辽宁师范大学李宏畅主编。本教材可用于高等院校经济管理类各专业的会计课程教学,也可作为广大经济管理人员、会计类专业师生和会计工作者的参考用书。

本教材在编写过程中,参阅了其他许多会计学相关教材和科研成果,在此对有关作者表示感谢。由于编者水平所限,书中难免会存在缺点和不当之处,恳请读者批评指正,以便我们进一步修订和完善。

李宏畅

2015 年 3 月

目录
CONTENTS

第 10 章 会计工作的组织

参考文献

第1章

总 论

1.1 会计概述

➤ 1.1.1 会计的产生和发展

会计经历了漫长的发展过程,从世界范围来考查,会计的历史演进可以划分为以下四个阶段:

1.会计的萌芽阶段

从旧石器时代中晚期到奴隶制时代,这一期间在会计史上称为会计的萌芽阶段,或称为原始计量、记录时代。中国、巴比伦、埃及等古老国度的会计都曾经历了这样一个萌芽阶段。

根据考古发现,人类最早的会计思想与会计行为起源于旧石器时代的中晚期。当时的社会生产力有了很大的发展,出现了剩余产品,社会的再生产活动日益复杂。于是,人们开始借助于一定的方式和方法,对劳动成果和劳动耗费进行计量、记录。我国在文字产生之前,这种计量、记录的方法是极简单的,如结绳记事,在树木、石头或龟甲兽骨上刻符号记录等。外国也有一些类似的方法,如巴比伦的泥板、埃及的刻石等。

在会计的萌芽阶段,所谓的会计还不是一项独立的工作,而只是生产职能的附带部分,是在生产时间之外,附带地把劳动成果、劳动耗费等事项记载下来。这种计量、记录行为是一种综合性质的行为,它不仅与会计有关,而且与数学、统计学以及其他学科有关。会计正是在这种综合的原始计量、记录行为的基础上,逐渐发展分化出来的。

2.古代会计发展阶段

从奴隶制时代到封建制时代末期,这一期间在会计史上称为古代会计发展阶段。在这一阶段,中国一直走在世界会计发展的前列,为会计的发展作出了重要贡献。

在我国历史上,把"会计"两个字加以连用,作为一个独立的概念,最早见于史书《周礼》。据《周礼》记载,早在西周时期,周王朝就设立了"司会"官职,专门掌管政府的钱粮收支。当时把每个月的零星计算称为"计",把年终的总和计算称为"会"。从春秋战国至秦代,这段时间出现了"籍书"或称"簿书",用"入"和"出"作为记账符号来反映经济出入事项。到了西汉时代,"籍书"或"簿书"的应用又取得了显著的进展,这时的会计记录与统计记录有所区别,属于统计范畴的内容开始从会计中分离出去,记录会计事项的为"簿",记录统计事项的为"籍"。唐宋两代,我国的会计方法有了新的发展。当时的会计账簿和会计报表的设置日益完备,记账的规则也有了比较一致的做法,特别重要的是创建和运用了"四柱结算法"。所谓"四柱",就是旧管

（期初余额）、新收（本期收入）、开除（本期支出）、实在（期末结存）。到了明末清初，为了适应商品货币经济迅速发展的需要，人们在四柱结算法的基础上，创造了一种称为"龙门账"的会计核算方法，后来又在龙门账的基础上，进一步发明了"四脚账"。这些发明创造都为"复式记账"原理作出了重大贡献。由此可见，从"日成""月要""岁会"的出现到"籍书""簿书"的应用，从"四柱结算法"的创建到"龙门账""四脚账"的发明，我国的会计方法从简单到复杂，从不系统到系统，从不完善到逐渐完善，会计文化已成为文明古国辉煌文化中的一部分。

在古代会计发展阶段，会计实现了两个转变：第一个转变是会计逐渐从生产职能中分离出来，成为特殊的、专门委托的当事人的独立的职能。特别是官厅会计，其在古代会计发展中占主导地位。第二个转变是会计从原始、简单的计量与记录方法转变为较先进、科学的计量与记录方法。其中，单式簿记方法体系的形成和运用，是这一阶段会计方法最显著的特点。

3. 近代会计发展阶段

从15世纪借贷复式簿记的确立到20世纪50年代管理会计的诞生，这一期间在会计史上称为近代会计发展阶段。在这一阶段，欧洲成为世界会计发展的中心。

复式簿记产生于意大利。1494年，意大利数学家卢卡·帕乔利出版了他的著作《算术、几何、比及比例概要》，这本著作在对"威尼斯式簿记""热那亚式簿记"等民间流传的借贷复式簿记进行总结的基础上，阐述了借贷复式簿记原理。这一划时代的文献把古代会计推入了近代会计发展阶段。正是通过卢卡·帕乔利的著作及其后来的一系列研究成果，才使得借贷复式簿记传播到欧洲各国，乃至世界各地。卢卡·帕乔利的著作问世以后，从15世纪至18世纪的大约300年间，会计再没有发生什么重大变化。而进入19世纪以后，随着产业革命的进行，会计又得到了迅速发展。

在近代会计发展阶段，会计发生了三大变化：一是实现了由单式簿记向复式簿记的转变，卢卡·帕乔利关于复式簿记的著作的问世，是会计发展史上公认的第一个里程碑；二是注册会计师职业的出现，英国于1853年在苏格兰的爱丁堡成立的世界上第一个注册会计师专业团体，即爱丁堡会计师协会，被誉为会计发展史上的第二个里程碑；三是企业成为会计服务的主要对象，企业会计逐渐发展起来，官厅会计退出主导地位。

4. 现代会计发展阶段

20世纪50年代，在新技术革命的推动下，生产社会化程度不断提高，经济生活日渐复杂，市场竞争越发激烈。为了适应现代市场经济发展变化的要求，近代会计便开始朝着现代会计的发展方向转变。

管理会计的出现和计算机在会计上的应用，是近代会计发展成为现代会计的重要标志。第二次世界大战以后，随着经济的发展和科技的进步，科学管理对企业的重要作用越来越明显。如何利用会计提供的信息为企业内部管理服务，使会计成为分析经营活动现状、考核经营活动成果、预测经济活动前景、提供经营决策依据的现代管理方法，就成为会计实践和理论研究的重要课题。人们在实践的基础上，运用现代管理科学理论，逐步总结并形成了管理会计体系，并于1952年在世界会计师联合会上正式通过了"管理会计"这个专门术语。管理会计的产生结束了几千年来会计基本上处于事后反映经济活动的被动局面，使会计迈向了主动控制生产过程的新阶段，成为会计发展史上第三个里程碑。现在，管理会计与财务会计被公认为会计的两大分支。

会计电算化的出现，也是会计发展史上的一个划时代的重大事件。随着电子计算机的应用与普及，会计逐步由手写发展为利用电子数据处理系统，会计电算化促进了会计信息传递速度的提高与使用范围的扩大，使会计信息的作用更加重要，为会计职能的充分发挥创造了有利的条件，使沿用了数千年的手工会计方法发生了重大变革。可以说，会计电算化的出现是会计发展史上的第四个里程碑。

在现代会计发展阶段，无论是会计的理论体系，还是会计的技术方法，都发生了深刻的变化，会计学已成为一门真正的科学，会计工作也已成为经济管理的重要组成部分。进入 21 世纪，会计的发展又面临着新的历史机遇与挑战。知识经济的到来，尤其是现代信息技术的发展，将使会计受到一次全面而深刻的洗礼。可以预见，世界会计界通过改革创新，把握机遇，迎接挑战，必将会把现代会计推向一个崭新的历史时期。

➤ 1.1.2　会计的基本概念

会计是以货币为计量单位，对经济活动进行连续、全面、系统的反映和监督，并以此为基础对经济活动进行分析、预测和决策的一种管理活动。

在我国，会计学界对会计本质的认识除"管理活动论"之外，还有以下两种观点：一种认为会计是管理经济的一个工具，即管理工具论。这种观点认为会计是一种管理手段，其本身不能管理，只能为管理服务。另一种认为会计是一个信息系统，即信息系统论。这种观点认为会计是一种处理数据或提供信息的方法或技术，它突出了会计的性质和会计反映的职能。

➤ 1.1.3　会计的特点

会计的特点是指会计和其他经济核算的不同点。由于会计核算是会计的基本环节，因此会计的特点主要体现在会计核算方面，它有三个基本特点：

1. 以货币为主要计量尺度，具有综合性

会计要反映和监督会计内容，需要运用多种计量尺度，包括实物尺度（如公斤、吨、件等）、劳动尺度（如工时、工日等）和货币尺度。实物尺度和劳动尺度能够具体反映各项财产、物资的增减变动和生产过程中的劳动消耗，对核算和经济管理都是必要的，但这两种尺度都不能综合反映会计的内容，而综合反映是会计的一个主要特点。会计以货币作为综合计量尺度，通过会计的记录就可以全面地、系统地反映和监督企业、行政单位和事业单位的财产物资财务收支、生产过程中的劳动消耗和成果，并计算出最终财务成果。所以，在会计核算这一过程中已经运用了实物尺度和劳动尺度进行记录，还必须以货币尺度综合地加以反映。

2. 会计核算具有完整性、连续性和系统性

会计对经济业务的核算必须是完整、连续和系统的。所谓完整是指会计核算对属于会计内容的全部经济业务都必须加以记录，不允许遗漏其中的任何一项。所谓连续是指对各种经济业务应按其发生的时间，连续地、不间断地进行记录和核算。所谓系统是指对各种经济业务要进行分类核算和综合核算，并对会计资料进行加工整理，以取得系统的会计信息。

3. 会计核算要以凭证为依据，并严格遵循会计规范

会计记录和会计信息讲求真实性和可靠性，这就要求企业、行政单位和事业单位发生的一切经济业务，都必须取得或填制合法的凭证，以凭证为依据进行核算。在会计核算的各个阶段

都必须严格遵循会计规范,包括会计准则和会计制度,以保证会计记录和会计信息的真实性、可靠性和一致性。

1.2　会计职能

从会计概念中我们可以看出会计是随着生产的发展,逐步从企业各项经营活动中分离出来的一项提高经济效益的管理活动。会计在经济管理工作中所具有的功能或能够发挥的作用,即会计的职能,包括核算、预测、参与决策、实行监督等。随着经济的发展和管理要求的提高,会计职能是不断变化并且彼此联系的。会计的基本职能是进行核算,实行监督。

➤ 1.2.1　会计的核算职能

会计的核算职能,也称为会计的反映职能,是指会计以货币为主要计量单位,通过确认、计量、记录、报告等环节,对各个单位的经济活动进行真实完整的反映,为有关方面提供会计信息。会计的核算职能有以下三个特点:

(1)会计主要采用货币量度,辅之以实物量度和劳动量度,核算各单位的经济活动,为经济管理提供数据资料。

(2)传统会计主要核算各单位已经发生或已经完成的经济活动,但随着商品经济的发展和市场竞争的日趋激烈,要求会计不仅要核算过去,而且要控制现在、预测未来,为管理部门进行经济决策提供依据。

(3)会计核算资料具有全面性、系统性和连续性的特点。全面性,是指会计对所有的经济活动都要进行确认、计量、记录和报告,不得遗漏;系统性,是指会计所提供的核算资料是相互联系的,既有分类资料,又有汇总资料;连续性,是指对经济活动的核算要按其发生的时间顺序进行。

➤ 1.2.2　会计的监督职能

会计的监督职能,也称为会计的控制职能,是指会计在核算经济活动的同时,要对经济活动的合法性、合理性进行审查。会计监督是在会计核算的基础上进行的,其特点如下:

(1)会计主要利用货币量指标进行监督,考核经济活动效果。例如:通过收入、费用、利润等指标,可以审查企业的收支活动,考核企业的经营成果;通过资产、负债、所有者权益指标,可以审查企业资产的使用是否合理,资产的来源是否合法,考核企业的财务状况。

(2)会计监督的依据是国家的法律、财经制度,以及企业内部的财务管理制度、计划、定额等。根据这些依据审查会计资料,可以保证会计信息质量和经济活动的合法性与合理性。

(3)会计监督贯穿于企业经济活动的始终,包括事前监督、事中监督和事后监督。事前监督,是指在经济活动开始前,审查经济方案的可行性;事中监督,是指对正在进行的经济活动进行审查,纠正其偏差,使之按照预定的目标和要求进行;事后监督,是指利用会计数据对已完成的经济活动进行分析和评价,以便以后改进工作。

会计的核算职能和监督职能是密切联系、相辅相成的。核算是监督的基础,没有核算所提供的各种信息,监督就失去了依据,而监督能够保证核算更真实完整,只有把这两个职能结合起来,才能充分发挥会计在经济管理中的作用。

1.3　会 计 对 象

➤ 1.3.1　会计对象的一般分析

会计对象是指会计核算和监督的内容,即会计工作的客体,由于会计需要以货币为主要计量单位,对特定会计主体的经济活动进行核算和监督。因而会计并不能核算和监督社会再生产过程中的所有经济活动,而只能核算和监督社会再生产过程中能够用货币表现的各项经济活动,即凡是特定主体能够以货币表现的经济活动,都是会计核算和监督的内容,也就是会计的对象,以货币表现的经济活动通常又称为价值运动或资金运动。会计的对象并不是一成不变的,而是随着会计的发展而变化。简而言之,并非所有的经济运动都是会计对象,凡是以货币表现的经济运动才是会计对象。

➤ 1.3.2　会计对象的表现形式

1. 工业企业的表现形式

工业企业进行生产经营活动,首先要用货币资金去购买生产设备和材料物资,为生产过程作准备,然后将其投入企业生产过程中生产出产品,最后还要将生产出来的产品对外出售并收回因出售产品而取得的货币资金。这样,工业企业的资金就陆续经过供应过程、生产过程和销售过程,其形态也随之而发生变化。用货币购买生产设备、材料物资的时候,货币资金转化为固定资金、储备资金;车间生产产品领用材料物资时,储备资金又转化为生产资金;将车间加工完毕的产品验收入到成品库后,此时,生产资金又转化为成品资金;将产成品出售收回货币资金时,成品资金又转化为货币资金。我们把资金从货币形态开始,依次经过储备资金、生产资金、成品资金,最后又回到货币资金这一运动过程叫做资金循环,周而复始的资金循环叫做资金周转。实际上,企业的生产经营过程是周而复始、不间断、循环地进行的,即企业不断地投入原材料、不断地加工产品、不断地销售产品,其资金也是不断循环周转的。

就整个企业的资金运动而言,资金的循环周转还应该包括资金的投入和资金的退出。资金的投入是指资金进入企业。企业进行经营生产活动的前提是首先必须拥有一定数量的资金,投入包括投资者的资金投入和债权人的资金投入。前者构成了企业的所有者权益,后者构成了企业的债权人权益,即企业的负债。投入企业的资金一部分形成流动资产,另一部分形成企业的固定资产等非流动资产。资金的退出是指资金退出企业的资金循环和周转,它包括按法定程序返回投资者的投资、偿还各项债务、上缴税费、向所有者分配利润等内容,这使一部分资金离开企业,游离于企业资金运动之外。

综上所述,工业企业因资金的投入、循环周转和资金的退出等经济活动而引起的各项财产和资源的增减变化情况,以及企业销售收入的取得和企业纯收入的实现、分配情况,构成了工业企业会计的具体对象。

2. 商品流通企业的表现形式

与工业企业相比,商品流通企业的经营活动缺少产品生产环节。商品流通企业的经营过程主要分为商品购进和商品销售两个环节。在前一个环节中,主要是采购商品,此时货币资金转换为商品资金;在后一个环节中,主要是销售商品,此时资金又由商品资金转换为货币资金。在商业企业经营过程中,也要消耗一定的人力、物力和财力,它们表现为商品流通费用。在销售过程中,也会获得销售收入和实现经营成果。因此,商品流通的资金是沿着货币资金—商品资金—货币资金的方式运动。

3. 行政事业单位的表现形式

行政、事业单位为完成国家赋予的任务,同样需要一定数额的资金,但其资金主要来源是国家财政拨款。行政、事业单位在正常业务活动过程中,所消耗的人力、物力和财力的货币表现,即为行政费用和业务费用。一般来说,行政事业单位没有或只有很少一部分业务收入,因为费用开支主要是靠国家财政预算拨款。因此,行政事业单位的经济活动一方面按预算从国家财政取得拨入资金;另一方面又按预算以货币资金支付各项费用。其资金运动的形式是资金拨入—资金付出。由此可见,行政事业单位会计对象的内容就是预算资金及其收支。

综上所述,不论是工业企业、商业流通企业,还是行政、事业单位都是社会再生产过程中的基层单位,会计反映和监督的对象都是资金及其运动的过程。正因为如此,我们可以把会计对象概括为社会再生产过程中的资金运动。

1.4 会计核算方法

会计方法是指为了达到会计目标,对会计对象进行反映和监督所使用的一系列手段的总称。会计方法包括会计核算方法、会计分析方法和会计监督方法。其中,会计核算方法是最基本、最主要的方法,会计分析和会计监督都是建立在会计核算的基础上,利用会计核算资料进行的。

会计核算方法,是指会计对企事业和行政单位已经发生的经济活动进行连续、系统、全面反映和监督所采用的方法。会计核算方法主要是指设置账户、复式记账、填制和审核凭证、登记会计账簿、成本计算、财产清查和编制财务会计报告等七种方法。

1. 设置账户

设置账户是对会计核算的具体内容进行分类核算和监督的一种专门方法。由于会计对象的具体内容是复杂多样的,要对其进行系统的核算和经常性监督,就必须对经济业务进行科学的分类,以便分门别类地、连续地记录,据以取得多种不同性质从而符合经营管理所需要的信息和指标。

2. 复式记账

复式记账是指对所发生的每项经济业务,以相等的金额,同时在两个或两个以上相互联系的账户中进行登记的一种记账方法。采用复式记账方法,可以全面反映每一笔经济业务的来龙去脉,而且可以防止差错和便于检查账簿记录的正确性和完整性,是一种比较科学的记账方法。

3. 填制和审核凭证

会计凭证是记录经济业务,明确经济责任,作为记账依据的书面证明。正确填制和审核会计凭证,是核算和监督经济活动财务收支的基础,是做好会计工作的前提。

4. 登记会计账簿

登记会计账簿简称记账，是以审核无误的会计凭证为依据在账簿中分类，连续地、完整地记录各项经济业务，以便为经济管理提供完整、系统的会计核算资料。账簿记录是重要的会计资料，是进行会计分析、会计检查的重要依据。

5. 成本计算

成本计算是按照一定对象归集和分配生产经营过程中发生的各种费用，以便确定该对象的总成本和单位成本的一种专门方法。产品成本是综合反映企业生产经营活动的一项重要指标。正确地进行成本计算，可以考核生产经营过程的费用支出水平，同时又是确定企业盈亏和制定产品价格的基础，并为企业进行经营决策提供重要数据。

6. 财产清查

财产清查是指通过盘点实物，核对账目，以查明各项财产物资实有数额的一种专门方法。通过财产清查，可以提高会计记录的正确性，保证账实相符。同时，还可以查明各项财产物资的保管和使用情况以及各种结算款项的执行情况，以便对积压或损毁的物资和逾期未收到的款项，及时采取措施，进行清理和加强对财产物资的管理。

7. 编制财务会计报告

编制财务会计报告是以特定表格的形式，定期并总括地反映企业、行政事业单位的经济活动情况和结果的一种专门方法。会计报表主要以账簿中的记录为依据，经过一定形式的加工整理而产生一套完整的核算指标，用来考核、分析财务计划和预算执行情况并且作为编制下期财务和预算的重要依据。

以上会计核算的七种方法，虽各有特定的含义和作用，但并不是独立的，而是相互联系、相互依存、彼此制约的，它们构成了一个完整的方法体系。在会计核算中，应正确地运用这些方法。一般在经济业务发生后，按规定的手续填制和审核凭证，并应用复式记账法在有关账簿中进行登记；期末还要对生产经营过程中发生的费用进行成本计算和财产清查，在账证、账账、账实相符的基础上，根据账簿记录编制会计报表。

1.5 会计信息的使用者及其需要

在会计信息中，有一部分是企业管理当局和外部利益各方共享的通用的会计信息，另一部分是出于竞争性自我保护只供管理当局使用而不对外披露的会计信息。前者如资产负债表、利润表和现金流量表所传递的信息，后者如产品的成本构成及单位成本变动信息等。会计信息的使用者主要包括企业管理当局、政府部门、投资者、债权人、职工。这些使用者出于不同的目的，对会计信息的关注点有所不同。

1. 企业管理当局

企业管理当局是会计信息的内部使用者。处于单位领导和管理的最高层次，对于本单位的经济业务拥有决策权或者执行权，与单位其他人员之间是一种领导与服从的关系。企业要完成既定的经营目标，就必须对经营过程中遇到的各种重大问题进行决策，而正确的决策必须以相关的、可靠的信息为依据。当然，企业管理当局在决策过程中，除利用财务会计信息外，还可通过其他途径获取外部使用者无法掌握的内部信息。

2.政府部门

为了实现社会资源的优化配置,国家必然通过税收、货币和财政政策进行宏观经济管理。在宏观调控中,国民经济核算体系所提供的数据是调控的重要依据。国民经济核算与企业会计核算之间存在着十分密切的联系,企业会计核算资料是国家统计部门进行国民经济核算的重要资料来源。国家税务部门进行的税收征管是以财务会计数据为基础的;证券监督管理机构对证券发行与交易进行监督管理中,财务会计信息的质量是其监管的内容,真实可靠的会计信息又是其对证券市场实施监督的重要依据。

3.投资者

在所有权与经营权分离的情况下,投资者虽然不参加企业的日常经营管理,但需要利用会计信息对经营者受托责任的履行情况进行评价,并对企业经营中的重大事项作出决策。具体而言,投资者对会计信息的分析,主要目的是:

(1)评价企业的财务状况和管理当局的经营业绩,检查管理当局是否实现了企业的经营目标。

(2)分析企业所处行业的市场前景、本企业的发展潜力和面临的风险,作出维持现有投资、追加投资或转让投资的决策。

(3)分析企业在市场竞争中的地位,制定企业的长远发展目标以及诸如企业扩张、收缩等方面的策略。

投资者除包括现有投资者外,还包括潜在的投资者。对于潜在的投资者来说,他主要是根据财务会计信息评价企业的各种投资机遇、估量投资的预期成本和收益以及投资风险的大小,作出是否对该企业投资的决策。

4.债权人

债权人是企业信贷资金的提供者。债权人提供信贷资金的目的是按约定的条件收回本金并获取利息收入。也就是说,债权人关心的主要是企业能否按期还本付息。基于此,他需要了解资产与负债的总体结构,分析资产的流动性,评价企业的获利能力以及产生现金流量的能力,从而作出向企业提供贷款、维持原贷款数额、追加贷款、收回贷款或改变信用条件的决策。

5.职工

按照有关法律规定,企业研究决定生产经营的重大问题、制定重要的规章制度时,应当听取工会和职工的意见和建议;企业研究决定有关职工工资、福利、劳动保险等涉及职工切身利益的问题时,应当事先听取工会和职工的意见。职工在履行上述参与企业管理的权利和义务时,必然要了解相关的会计信息。

✍ 本章小结

1.会计是由于经济管理的客观需要而产生和发展起来的,随着社会生产力的发展,会计也经历了一个从简单到复杂,从低级到高级的发展过程,同时会计的重要性也逐渐被人们所认识。社会生产力的发展是无止境的,会计的发展也是无止境的。会计发展的历史证明了这样一个真理:经济越发展,会计越重要。

2.会计是以货币为计量单位,对经济活动进行连续、全面、系统的反映和监督,并以此为基础对经济活动进行分析、预测和决策的一种管理活动。

3.会计在经济管理工作中所具有的功能或能够发挥的作用,即会计的职能,包括核算、预测、参与决策、实行监督等。随着经济的发展和管理要求的提高,会计职能是不断变化并且彼此联系的。会计的基本职能是进行核算,实行监督。

4.会计核算方法,是指会计对企事业和行政单位已经发生的经济活动进行连续、系统、全面反映和监督所采用的方法。会计核算方法主要是指设置账户、复式记账、填制和审核凭证、登记会计账簿、成本计算、财产清查和编制财务会计报告等七种方法。

5.会计信息的使用者主要包括企业管理当局、政府部门、投资者、债权人、职工。这些使用者出于不同的目的,对会计信息的关注点有所不同。

复习思考题

1.怎样理解会计与经济发展的关系?
2.简述会计的基本职能及其特征。
3.会计对象的表现形式主要包括哪些?
4.会计核算方法主要包括哪几部分? 每一部分的内容是什么?
5.会计信息的需求者主要有哪些? 各自的信息需求是什么?

案例分析

几个会计专业的校友聚在一起,兴致突发,畅谈会计职业入门体验。

小王提到工作心态,他认为做会计最好从基层做起,如库管、出纳之类,熟悉基础业务之后再去小企业当个全职会计练手。小王就是从出纳做起的,做出纳能与各种个性的人打交道,心态十分重要,工作要有平常心,不能急躁。小王的体会是热情对人、冷静对事,谨慎稳重,遇事多请教、请示。

小刘谈了新手应注意的问题:第一,不要怕吃苦,刚入行,经理会让做一些打杂的小事,尤其是私人业主,不能死要面子;第二,要对得起这份工作,将心比心,换位思考,这样老总及他人才会服你;第三,和税务、工商部门搞好关系;第四,尊重人,工作不要越权,先小后大,按正常程序走;第五,做有心人,把工作中该记的记下来,该留的留下来,时间一长自然成行家;第六,经得起被人埋怨,做会计两头受气是常有的事,心胸要宽广。

小张谈了自己的求职经历:到小单位做会计,单位成立的时间起码要两年以上,才能有较齐全的会计资料可供参考。如果前任会计水平较高,你还能从中学到很多东西。应全方位地熟悉会计业务,三四年后你就是老会计了。最好到稍有规模的企业去做会计,业务复杂不怕,如果有人带就更好了。例如,小张的师傅就是一个精通业务的老会计,经理也懂财务,找个税务稽查的朋友,每年来查小张的账。而小张也非常好学,遇到问题随时请教。当然,别人都说小张的经理太懂行,难做事,但小张还是坚持下来了,因此,小张的业务能力长进很快。

求职要学会灵活,具体问题具体分析、具体对待,求职简历应简洁务实,少用模棱两可的语言。刚毕业学生求职的致命处就是没有做会计的经验,问题的关键是如何将你的这个致命短处恰好被你的长处所掩盖,使对方觉得你的这个致命处无关紧要。应针对应聘单位对会计的具体要求,尽量展现你的才华,要避免弄巧成拙。

资料来源:陈文铭.基础会计习题与案例[M].大连:东北财经大学出版社,2012.

思考:

1.学习会计应注意什么问题?

2.针对应聘单位对会计的具体要求,谈谈你对今后如何学好会计的看法。

第2章

会计核算基础

2.1 会计基本假设

　　会计工作所处的经济环境十分复杂,受很多不确定因素的影响,而会计基本假设是企业会计确认、计量和报告的前提,是对会计核算所处时间、空间环境等所作的合理假定。会计假设虽然有人为假定的一面,但是并不因此影响其客观性。事实上,作为进行会计活动的必要前提条件,会计假设是会计人员在长期的会计实践中逐步认识并总结而形成的,绝不是毫无根据的猜想或简单武断的规定。离开了会计假设,会计活动就失去了确认、计量、记录、报告的基础,会计工作就会陷入混乱甚至难以进行。我国2006年发布的《企业会计准则——基本准则》中规定的会计假设有会计主体、持续经营、会计期间和货币计量,这也是国际通行的会计假设。

➤ 2.1.1 会计主体

　　会计主体(又称会计实体或会计个体)是会计信息反映的特定单位或组织。会计主体假设规范了会计确认、计量和报告的空间范围。《企业会计准则——基本准则》第五条规定:"企业应当对其本身发生的交易或者事项进行会计确认、计量和报告。"这里的"本身"就是会计主体,即会计为其服务的特定单位或组织。企业是最典型的会计主体。除了企业之外,只要是实行独立核算的单位,都是会计主体。认定会计主体是开展会计确认与计量、记录和报告的重要前提。

　　在会计主体假设下,企业应当对其本身发生的交易或者事项进行会计确认、计量和报告,反映企业本身所从事的各项生产经营活动。明确界定会计主体是开展会计确认、计量和报告工作的重要前提。

　　首先,明确会计主体,才能划定会计所要处理的各项交易或事项的范围。在会计工作中,只有那些影响企业本身经济利益的各项交易或事项才能加以确认、计量和报告,那些不影响企业本身经济利益的各项交易或事项则不能加以确认、计量和报告。会计工作中通常所讲的资产、负债的确认,收入的实现,费用的发生等,都是针对特定会计主体而言的。

　　其次,明确会计主体,才能将会计主体的交易或者事项与会计主体所有者的交易或者事项以及其他会计主体的交易或者事项区分开来。例如,企业所有者的经济交易或者事项是属于企业所有者主体所发生的,不应纳入企业会计核算的范围,但是企业所有者投入企业的资本或者企业向所有者分配的利润,则属于企业主体所发生的交易或者事项,应当纳入企业会计核算的范围。

　　会计主体不同于法律主体。一般来说,法律主体必然是一个会计主体。例如一个企业作为一个法律主体,应当建立财务会计系统,独立反映其财务状况、经营成果和现金流量。但是,会计主体不一定是法律主体。例如,在企业集团的情况下,一个母公司拥有若干子公司,母子公司虽然是不同的法律主体,但是母公司对于子公司拥有控制权,为了全面反映企业集团的财务状况、经营成果和现金流量,就有必要将企业集团作为一个会计主体,编制合并财务报表。再如,由企业管理的证券投资基金、企业年金基金等,尽管不属于法律主体,但属于会计主体,应当对每项基金进行会计确认、计量和报告。

➤ 2.1.2　持续经营

持续经营是在可以预见的将来,会计主体将会按当前的规模和状态继续经营下去。《企业会计准则——基本准则》第六条规定:"企业会计确认、计量和报告应当以持续经营为前提。"这一假设可以从两方面来理解,一是假定在可预见的未来,该会计主体是不会破产清算的;二是假定该会计主体将按照既定的用途使用资产,按照既定的合约条件清偿债务,无法确定其结束的时间。因此,会计人员可以在此前提下选择会计政策和估计方法。持续经营的假设,为会计中许多业务的处理提供了依据,如债权债务关系的处理、折旧的计提、费用的分摊等。

值得注意的是,在市场经济环境下,由于风险和不确定因素的存在,企业的命运前途难料,不能持续经营的可能性总是存在的。因此,需要企业定期对其持续经营基本前提作出分析和判断。如果有充分的理由可以判断企业不能持续经营,就应当改变会计核算的原则及会计处理的方法,并在企业财务报告中作出相应披露。

➤ 2.1.3　会计期间

会计期间(又称会计分期)是将持续经营的时期,划分为若干连续的、长短相同的结算和决算期间。按持续经营假设,企业的生产经营活动将无限期地进行下去,如果这样分析企业的经营是否成功,最精确的方法只能是等到企业最终歇业时,将企业的净资产与投资人原来投入的资本进行比较。这样,实际等于生产经营时期不算账,显然行不通,因为企业股东需要评价投资效果,管理层要对经营决策进行评价和修正,国家要征税,银行以及其他债权人需要评估企业风险与偿债能力。因此,不论是企业内部还是外部的利害关系人,他们为了各自的利益或者决策,都要求会计人员定期编制财务报表,提供"现时有用"的财务信息。

《企业会计准则——基本准则》第七条规定:"企业应当划分会计期间,分期结算账目和编制财务会计报告。会计期间分为年度和中期。中期是指短于一个完整的会计年度的报告期间。"短于一个完整的会计年度的报告期间,是指月度、季度和半年度的报告期。年度和中期均按公历起讫日期确定,如从公历 1 月 1 日起至 12 月 31 日止为一个会计年度。

会计期间假设,是在持续经营假设的前提下,为了能及时了解情况、发现问题而作出的假设。有了会计期间假设,才便于提供企业期初与期末财务状况的变化情况、本期与以前各期的经营成果的对比性信息,从而向企业内部管理层提供企业改善经营、持续发展的途径,也为企业外部的利害关系方揭示企业长期发展的趋势。此外,正是由于会计分期假设,才产生了"当期"与"以前期间""以后期间"的差别,出现了权责发生制和收付实现制的区别,才使不同类型的会计主体有了记账的基准,进而出现了应收、应付、折旧、摊销等会计处理方法。

2.1.4　货币计量

货币计量是指采用货币作为计量单位,记录和反映企业的生产经营活动。企业资产、负债和所有者权益,尤其是资产可以采取不同的计量属性,如数量计量(个、张、根等)、人工计量(工时等)、货币计量等。而会计是对企业财务状况和经营成果全面系统的反映,为此,需要货币这样一个统一的量度。企业经济活动中凡是能够用货币这一尺度计量的,就可以进行会计反映,凡是不能用这一尺度计量的,则不必进行会计反映。当然,统一采用货币尺度,也有不利之处,许多影响企业财务状况和经营成果的一些因素,并不是都能用货币计量的,比如,企业经营战略、在消费者当中的信誉度、企业的地理位置、企业的技术开发能力等。为了弥补货币量度的局限性,要求企业采用一些非货币指标作为会计报表的补充。

在我国,要求采用人民币作为记账本位币,是对货币计量这一会计前提的具体化。考虑到一些企业的经营活动更多地涉及外币,因此规定业务收支以人民币以外的货币为主的单位,可以选定其中一种货币为记账本位币。当然,提供给境内的财务会计报告使用者的应当折算为人民币。

2.2　权责发生制与收付实现制

会计确认、计量、记录和报告的基础,简称会计基础。它是企业在会计确认、计量、记录和报告的过程中所采用的基础,是确认一定会计期间的收入和费用,从而确认损益的标准。由于会计分期假设,产生了本期与非本期的区别,从而出现了权责发生制与收付实现制的区别。企业在一定会计期间,为进行生产经营活动而发生的费用,可能在本期已付出货币资金,也可能在本期尚未付出货币资金;所形成的收入,可能在本期已经收到货币资金,也可能在本期尚未收到货币资金;同时,本期发生的费用可能与本期收入的取得有关,也可能与本期收入的取得无关。诸如此类的经济业务应如何处理,必须以所采用的会计基础为依据。会计基础主要有两种:权责发生制和收付实现制。《企业会计准则——基本准则》第九条规定:"企业应当以权责发生制为基础进行会计确认、计量和报告。"

2.2.1　权责发生制

权责发生制要求凡是当期已经实现的收入、已经发生和应当负担的费用,不论款项是否收付,都应当作为当期的收入、费用;凡是不属于当期的收入、费用,即使款项已经在当期收付了,也不应当作为当期的收入、费用。

在会计实务中,企业交易或者事项的发生时间与相关货币收支的时间有时并不完全一致。例如,预收销货款、预付购货款等情况,虽然款项已经收到或者支付,但实际的经济业务在本期并未实现,为了更加真实、公允地反映特定会计期间的财务状况和经营成果,就不能将预收或者预付的款项作为本期的收入或费用处理。

权责发生制主要是从时间上规定会计确认的基础,其核心是根据权责关系实际发生的期间来确认收入和费用。根据权责发生制进行收入与成本、费用的核算,最大的优点是更加准确地反映特定期间真实的财务状况及经营成果。

【例 2 - 1】　在权责发生制下,2014 年 10 月,某企业销售了一批商品,款项没有收到,而在

12月收到款项,也应当作为10月的收入。

【例2-2】 在权责发生制下,2014年10月,某企业预收了一笔货款,这时,尽管货款已经收到,但货物还没有发出,就不能作为2014年10月的收入,而应作为货物发出月份的收入。

➤ 2.2.2 收付实现制

与权责发生制相对应的一种会计基础是收付实现制,它是以收到或支付的现金作为确认收入和费用等的依据。

收付实现制又称现金制或实收实付制,是以现金收到或付出为标准,来记录收入的实现和费用的发生。按照收付实现制,收入和费用的归属期间将与现金收支行为的发生与否紧密地联系在一起。换言之,现金收支行为在其发生的期间全部记作收入和费用,而不考虑与现金收支行为相连的经济业务实质上是否发生。

目前,我国的行政单位会计一般采用收付实现制,事业单位除经营业务采用权责发生制外,其他业务也采用收付实现制。

【例2-3】 在收付实现制下,2014年10月,某企业销售了一批商品,款项没有收到,而在12月收到款项,应当作为12月的收入,注意与例2-1的区别。

【例2-4】 在收付实现制下,2014年10月,某企业预收了一笔货款,这时货款已经收到,虽然货物还没有发出,也应当作为2014年10月的收入,注意与例2-2的区别。

2.3 会计核算的一般原则

会计原则是以会计假设为基础,在长期的会计实践中总结出的企业会计核算必须遵守的一般性指导规范。《企业会计准则——基本准则》对会计信息质量要求的准则,包括真实性、相关性、明晰性、可比性、实质重于形式、重要性、谨慎性、及时性,这些原则都是为了保证会计信息的质量而提出的,是会计确认、计量和报告质量的保证。

➤ 2.3.1 真实性原则

真实性原则是指会计核算应当以实际发生的经济业务为依据,如实地反映经济业务、财务状况和经营成果,做到内容真实、数字准确、资料可靠。真实性原则包括真实性、可靠性和可验证性三个方面,是对会计核算工作和会计信息的基本质量要求。真实的会计信息对国家宏观经济管理、投资人决策和企业内部管理都有着重要意义,会计核算的各个阶段都应遵循这个原则。

➤ 2.3.2 相关性原则

相关性原则是指企业所提供的会计信息应与财务会计报告使用者的经济决策相关,有助于财务会计报告使用者对企业过去、现在或者未来的情况作出评价或预测。这里所说的相关,是指与决策相关,有助于决策。如果会计信息提供后,不能帮助会计信息使用者进行经济决策,就不具有相关性,因此,会计工作就不能完成会计所需达到的会计目标。

根据相关性原则,要求在收集、记录、处理和提供会计信息过程中能充分考虑各方面会计信息使用者决策的需要,满足各方面具有共性的信息需求。对于特定用途的信息,不一定都通过财务报告来提供,也可以采取其他形式加以提供。

▷ 2.3.3　明晰性原则

明晰性原则是指企业提供的会计信息应当清晰明了,便于财务会计报告使用者理解和使用。明晰性原则要求会计信息简明、易懂,能够简单明了地反映企业的财务状况、经营成果和现金流量,从而有助于会计信息使用者正确理解、掌握企业的情况。

根据明晰性原则,会计记录应当准确、清晰,填制会计凭证、登记会计账簿必须做到依据合法、账户对应关系清楚、文字摘要完整;在编制会计报表时,项目勾稽关系清楚、项目完整、数字准确。

▷ 2.3.4　可比性原则

可比性原则是指企业提供的会计信息应当具有可比性。这包括两个方面的质量要求:一是信息的横向可比。即企业之间的会计信息口径一致,相互可比。企业可能处于不同行业、不同地区,经济业务发生在不同地点,为了保证会计信息能够满足经济决策的需要,便于比较不同企业的财务状况和经营成果,不同企业发生相同的或者相似的交易或事项,应当采用国家统一规定的相关会计方法和程序。

二是信息的纵向可比。即同一企业不同时期发生的相同或相似的交易或事项,应当采用一致的会计政策,不得随意改变,便于对不同时期的各项指标进行纵向比较。在此准则要求下,企业不得随意改变目前所使用的会计方法和程序。一旦作出变更,也要在会计报告附注中作出说明。如:存货的实际成本计算方法有先进先出法、加权平均法等。如果确有必要变更,应当将变更情况、变更原因及其对企业财务状况和经营成果的影响在财务会计报告附注中说明。

▷ 2.3.5　实质重于形式原则

实质重于形式原则是指企业应当按照交易或事项的经济实质进行会计确认、计量和报告,而不应仅以交易或事项的法律形式作为依据。这里所讲的形式是指法律形式,实质指经济实质。有时,经济业务的外在法律形式并不能真实反映其实质内容。为了真实反映企业的财务状况和经营成果,就不能仅仅根据经济业务的外在表现形式来进行核算,而要反映其经济实质。比如,法律可能写明商品的所有权已经转移给买方,但事实上卖方仍享有该资产的未来经济利益。如果不考虑经济实质,仅看其法律形式,就不能真实反映这笔业务对企业的影响。

▷ 2.3.6　重要性原则

重要性原则是指企业提供的会计信息应当反映与企业财务状况、经营成果和现金流量等有关的所有重要交易或事项。在此原则下,企业在选择会计方法和程序时,要考虑经济业务本身的性质和规模,根据特定的经济业务决策影响的大小,来选择合适的会计方法和程序。如果一笔经济业务的性质比较特殊,不单独反映就有可能遗漏一个重要事实,不利于所有者以及其他方面全面掌握这个企业的情况,就应当严格核算,单独反映,提醒注意;反之,如果一笔经济业务与通常发生的经济业务没有特殊之处,不单独反映,也不至于隐瞒什么事实,就不需要单独反映和提示。如果一笔经济业务的金额在收入、费用或资产总额中所占的比重很小,就可以采用较为简单的方法和程序进行核算,甚至不一定严格采用规定的会计方法和程序;反之,如果金额在收入、费用或资产总额中所占的比重较大,就应当严格按照规定的会计方法和程序进行。

2.3.7　谨慎性原则

谨慎性原则又称稳健性原则,是指企业对交易或事项进行确认、计量和报告应当保持应有的谨慎,即在存在不确定因素的情况下作出判断时,不应高估资产或者收益、低估负债或者费用。对于可能发生的损失和费用,应当加以合理估计。企业经营存在风险,实施谨慎性原则,对存在的风险加以合理估计,就能在风险实际发生之前化解风险,并防范风险,有利于企业作出正确的经营决策,有利于保护所有者和债权人的利益,有利于提高企业在市场上的竞争力。比如,在存货、有价证券等资产的市价低于成本时,相应的减记资产的账面价值,并将减记金额计入当期损益,体现了谨慎性原则对历史成本原则的修正。当然,谨慎性原则并不意味着可以任意提取各种准备,否则,就属于谨慎性原则的滥用。

2.3.8　及时性原则

及时性原则是指企业对于已经发生的交易或事项,应当及时进行会计确认、计量和报告,不得提前或延后。会计信息具有时效性,才能满足经济决策的及时需要,信息才有价值,所以为了实现会计目标,就必须遵循会计信息及时性。

根据及时性原则,要求及时收集会计数据,在经济业务发生后,应及时取得有关凭证;对会计数据及时进行处理,及时编制财务报告;将会计信息及时传递,按规定的时限提供给有关方面。

2.4　会计计量属性

会计计量属性,是指企业在对会计要素进行计量时所采用的计量标准。《企业会计准则——基本准则》规定,会计计量属性包括历史成本、重置成本、可变现净值、现值、公允价值。

2.4.1　历史成本

历史成本也称为实际成本,是指在企业会计核算中,对资产按照购置时支付的现金或现金等价物的金额,或者按照资产购置时所付出的对价的公允价值计量;负债按照因承担现时义务而实际收到的款项或者资产的金额,或者承担现时义务的合同金额,或者按照日常活动中为偿还负债预期需要支付的现金或现金等价物金额计量。

历史成本是通过交易确定的,有原始凭证为依据,具有客观性,减少了人为操纵的可能。同时,历史成本取得成本低,数据便于进行验证。但是应当说明的是,采用历史成本计量属性是以币值稳定为前提的,如果物价变动幅度较大,历史成本就不能如实反映资产或负债的实际价值。

2.4.2　重置成本

重置成本也称为现行成本,是指在企业会计核算中,对资产按照现在购买相同或类似资产所需要支付的现金或现金等价物的金额计量；对负债按照现在偿付该项债务所需要支付的现金或现金等价物的金额计量。

在原始交易日，重置成本与历史成本代表相同的价值量，都等于当时资产或负债的交易价格。原始交易日后，两者则会出现不同程度的差异。这种差异来自市场价格波动、通货膨胀、技术进步等多种因素。重置成本与历史成本的差异，是持有资产的利得或损失。

▶ 2.4.3　可变现净值

可变现净值也称为变现价值，是指在不考虑货币时间价值的条件下，资产在正常经营过程中带来的预期现金流入，而不是指资产的售价或合同价。由于资产在销售过程中可能发生相关税费和销售费用，为达到预定可销售状态还可能发生进一步的加工成本，这些相关税费、销售费用和成本支出，抵减了资产销售所产生的现金流入，扣除这些项目后，才是资产的可变现净值。

采用可变现净值属性，就是对资产按照正常销售所能收到的现金或现金等价物金额扣除该资产至完工时估计将要发生的成本和估计发生的销售费用以及相关税费后的金额计量。

▶ 2.4.4　现值

现值，是指在考虑货币时间价值条件下，资产或负债的未来现金净流量按照一定的折现率折现后的价值。采用现值属性，资产按照预计从其持续使用和最终处置中所产生的未来净现金流入量的折现金额计量，负债按照预计期限内需要偿还的未来现金流出量的折现金额计量。

▶ 2.4.5　公允价值

公允价值，是指市场参与者在计量日发生的有序交易中，出售一项资产所能收到或者转移一项负债所需支付的价格。

企业以公允价值计量相关资产或负债，应当考虑该资产或负债的特征。相关资产或负债的特征，是指市场参与者在计量日对该资产或负债进行定价时考虑的特征，包括资产状况及所在位置、对资产出售或者使用的限制等。

应当说明的是，在企业日常会计核算中，一般采用历史成本计量。如果采用重置成本、可变现净值、现值、公允价值计量，应当确保相关的数据能够取得并能够可靠计量。

本章小结

1. 会计核算的基本前提是对会计核算所处的时间、空间环境所作的合理设定。会计核算的基本前提，是为了保证会计工作的正常进行和会计信息的质量，对会计核算的范围、内容、基本程序和方法所作的假定，并在此基础上建立会计原则。国内外会计界多数人公认的会计核算的基本前提包括会计主体、持续经营、会计期间与货币计量。

2. 《企业会计准则——基本准则》对会计信息质量要求的准则，包括真实性、相关性、明晰性、可比性、实质重于形式、重要性、谨慎性、及时性，这些原则都是为了保证会计信息的质量而提出的，是会计确认、计量和报告质量的保证。

3. 权责发生制要求凡是当期已经实现的收入、已经发生和应当负担的费用，不论款项是否收付,都应当作为当期的收入、费用;凡是不属于当期的收入、费用,即使款项已经在当期收付了,也不应当作为当期的收入、费用。

4.收付实现制又称现金制或实收实付制,是以现金收到或付出为标准,来记录收入的实现和费用的发生。

5.会计计量属性,是指企业在对会计要素进行计量时所采用的计量标准。《企业会计准则——基本准则》规定,会计计量属性包括历史成本、重置成本、可变现净值、现值、公允价值。

复习思考题

1.《企业会计准则——基本准则》规定的会计核算的基本前提有哪些?其作用是什么?

2.企业会计核算的原则主要包括哪些?

3.什么是权责发生制?什么是收付实现制?二者对收入和费用的确认有何区别?

4.会计计量属性主要都包括哪些?

实务训练题

1.目的:练习权责发生制与收付实现制的区别。

2.资料:某工业企业 2015 年 1 月份发生的经济业务如下。

3.要求:按照权责发生制与收付实现制填列下述表格,理解权责发生制与收付实现制的区别。

业　务	权责发生制	收付实现制
一、收入 1.对外提供劳务 10 万元,已收款 60% 2.收到客户上月欠款 2 万元 3.预收货款 3 万元		
合　计		
二、费用 1.支付当月水电费 1 万元 2.应付未付的本月工资 2 万元 3.支付上月所欠利息 1 万元		
合　计		
三、利润		

第3章

会计记账方法

3.1 会计要素与会计基本等式

➤ 3.1.1 会计要素

会计要素是会计核算对象的基本分类,是设定会计报表结构和内容的依据,也是进行确认和计量的依据。对会计要素加以严格定义,就能为会计核算奠定坚实的基础。会计要素包括资产、负债、所有者权益、收入、费用和利润等。

1. 资产

资产是指企业过去的交易或事项形成的、由企业拥有或控制的、预期会给企业带来经济利益的资源。

一个企业从事生产经营活动,必须具备一定的物质资源,或者说物质条件。在市场经济条件下,这些必需的物质条件表现为货币资金、厂房场地、机器设备、原料、材料等,统称为资产,它们是企业从事生产经营活动的物质基础。除以上的货币资金以及具有物质形态的资产以外,资产还包括那些不具备物质形态,但有助于生产经营活动的专利、商标等无形资产,也包括对其他单位的投资。

资产有如下特点:第一,资产是过去的交易或事项形成的。这就是说,作为企业资产,必须是现实的而不是预期的资产,它是企业过去已经发生的交易或事项所产生的结果,包括购置、生产、建造等行为或其他交易或事项。预期在未来发生的交易或事项不形成资产,如计划购入的机器设备等。第二,资产是由企业拥有或控制的。企业拥有资产,从而就能够从资源中获得经济利益;有些资产虽然不为企业所拥有,但在某些条件下,对一些由特殊方式形成的资源,企业虽然不享有所有权,但能够被企业所控制,而且同样能够从资产获取经济利益,也可以作为企业资产(如融资性租入固定资产)。而企业没有买下使用权的矿藏、工厂周围的控制,都不能作为企业的资产确认。第三,资产能够给企业带来经济利益。如货币资金可以用于购买所需要的商品或用于利润分配,厂房机器、原材料等可以用于生产经营过程。制造商品或提供劳务,出售后回收货款,货款即为企业所获得的经济利益。

对资产可以作多种分类,常见的是按流动性分类。按流动性进行分类,资产可以分为流动资产和非流动资产。流动资产是指那些在一年内变现的资产,如应收账款、存货等。有些企业经营活动比较特殊,其经营周期可能长于一年,比如:造船、大型机械制造,从购料到销售商品直到收回货款,周期比较长,往往超过一年,在这种情况下,就不能把一年内变现作为划分流动资产的标志,而是将经营周期作为划分流动资产的标志。长期投资、固定资产、无形资产的变现周期往往在一年以上,所以称为非流动资产。按流动性对资产进行分类,有助于掌握企业资产的变现能力,从而进一步分析企业的偿债能力和支付能力。一般来说,流动资产所占比重越大,说明企业资产的变现能力越强。流动资产中,货币资金、短期投资比重越大,则支付能力越强。

2. 负债

负债是指企业过去的交易或者事项形成的预期会导致经济利益流出企业的现时义务。如果把资产理解为企业的权利,那么负债就可以理解为企业所承担的义务。

负债具有如下特点:第一,负债是由于过去的交易或事项形成的偿还义务。潜在的义务,或预期在将来要发生的交易、事项可能产生的债务不能确认为负债。第二,负债是现时义务。负债是企业目前实实在在的偿还义务,要由企业在未来某个时日加以偿还。第三,为了偿还债务,与该义务有关的经济利益很可能流出企业,一般来说,企业履行偿还义务时,关系到企业会有经济利益的流出,如支付现金、提供劳务、转让其他财产等。同时,未来流出的经济利益的金额能够可靠计量。

按偿还期限的长短,一般将负债分为流动负债和非流动负债。预期在一年或一个经营周期内到期清偿的债务属于流动负债。除以上情形以外的债务,即为非流动负债,一般包括长期借款、应付债券、长期应付款等。

3. 所有者权益

所有者权益是指企业资产扣除负债后由所有者享有的剩余权益。所有者权益是所有者在企业资产中享有的经济利益,其金额为资产减去负债后的余额,又称为净资产。

企业资产形成的资金来源,包括债权人借入和所有者直接投入两个方面。向债权人借入的资金,形成企业的负债;所有者投入的资金,形成所有者权益。

所有者权益相对于负债而言,具有以下特点:第一,所有者权益不像负债那样需要偿还,除非发生减值、清算,企业不需要偿还所有者权益。第二,企业清算时,负债往往优先清偿,而所有者权益只有在清偿所有的负债之后才返还给所有者。第三,所有者权益能够分享利润,而负债则不能参与利润分配。所有者权益在性质上体现为所有者对企业资产的剩余收益,在数量上体现为资产减去负债后的余额。所有者权益包括实收资本、资本公积、盈余公积和未分配利润四个项目,其中,前两项属于投资者的初始投入资本,后两项属于企业留存收益。

4. 收入

收入是企业在日常活动中形成的、会导致所有者权益增加的、与所有者投入资本无关的经济利益的总流入。

根据收入的定义,确认收入的条件是:

(1)由日常活动形成。日常活动应理解为企业为完成其经营目标所从事的经常性活动以及与之相关的活动。如工业企业销售产品,流通企业销售商品,服务企业提供劳务、出租、出售原材料、对外投资(收取利息、现金股利)等日常活动。

(2)经济利益总流入。经济利益是指现金或最终能转让为现金的非现金资产。收入只有在经济利益很可能流入从而导致资产增加或者负债减少,且经济利益的流入额要可靠计量时才能予以确认。经济利益总流入是指本企业经济利益的流入,包括销售商品收入、劳务收入、使用费收入、租金收入、股利收入等主营业务和其他业务收入,不包括为第三方或客户代收的款项。

5.费用

费用是指企业在日常活动中发生的、会导致所有者权益减少的、与向所有者分配利润无关的经济利益的总流出。费用与收入相配比,即为企业经营活动中取得的盈利。根据费用的定义,确认费用的条件是:

(1)在日常活动中发生。企业在销售商品、提供劳务等日常活动中所发生的费用,可划分为两类:一类是企业为生产产品、提供劳务等发生的费用,应计入产品成本、劳务成本,包括直接材料、直接人工和制造费用;另一类是不应计入成本而直接计入当期损益的相关费用,包括管理费用、财务费用、销售费用、资产减值损失。计入产品成本、劳务成本等费用,应当在确认产品销售收入、劳务收入等时将已销售产品、已提供劳务的成本计入当期损益。

(2)经济利益流出。费用与收入相反,收入是资金流入企业形成的,会增加企业所有者权益;而费用则是企业资金的付出,会减少企业的所有者权益,其实质就是一种资产流出,最终导致减少企业资源。费用只有在经济利益很可能流出从而导致企业资产减少或负债增加,而且经济利益的流出额能够可靠计量时才能予以确认。

6.利润

利润是指企业在一定会计期间的经营成果。利润包括收入减去费用后的净额、直接计入当期利润的利得和损失等。直接计入当期利润的利得和损失是指应当计入当期损益、会导致所有者权益发生增减变化的、与所有者投入资本或向所有者分配利润无关的利得和损失。

利润为营业利润和营业外收支净额等两个项目的总额减去所得税费用之后的余额。营业利润是企业在销售商品、提供劳务等日常活动中产生的利润;营业外收支是与企业的日常经营活动没有直接关系的各项收入和支出,其中,营业外收入项目主要有捐赠收入、固定资产盘盈、处置固定资产净收益、罚款收入等,营业外支出项目主要有固定资产盘亏、处置固定资产净损失等。其有关公式表示如下:

$$营业利润=营业收入-营业成本-营业税金及附加-销售费用-管理费用-$$
$$财务费用-资产减值损失+公允价值变动净收益+投资净收益$$
$$营业收入=主营业务收入+其他业务收入$$
$$营业成本=主营业务成本+其他业务成本$$
$$投资净收益=投资收益-投资损失$$
$$公允价值变动净收益=公允价值变动收益-公允价值变动损失$$
$$利润总额=营业利润+营业外收支净额$$
$$净利润=利润总额-所得税费用$$

以上各要素,资产、负债及所有者权益能够反映企业在某一个时点的财务状况,如能明确在 2014 年 12 月 31 日这一天,企业有 120 万的资产,50 万的负债,所有者的剩余权益 70 万,因此这三个要素属于静态要素,在资产负债表中予以列示;收入、费用及利润能够反映企业在某一个期间经营成果,如在 2014 年企业实现了 100 万的收入,扣除 60 万的成本费用,因此在 2014 年这一年内,企业实现了 40 万的利润,因此这三个要素属于动态要素,在利润表中列示。

➢3.1.2　会计等式

会计等式,是对各会计要素的内在经济关系利用数学公式所作的概括表达,即反映各会计要素数量关系的等式。它提示各会计要素之间的联系,是复式记账、试算平衡和编制会计报表的理论依据。

1. 资产、负债及所有者权益间的关系

资金运动在静态情况下,资产、负债及所有者权益三个要素之间存在平衡关系。资产主要包括两部分:

(1)向外部借的债,即负债;

(2)投资人的投入及其增值部分,即所有者权益。

由此我们可以认为债权人和投资者将其拥有的资本供给企业使用,对企业运用这些资本所获得的各项资产就相应享有一种权益,即为"相应的权益"。由此可见,资产与权益相互依存,有一定数额的资产,必然有相应数额的权益;反之亦然。由此可以推出:

$$资产 = 权益$$
$$资产 = 负债 + 所有者权益 \qquad (等式1)$$

该等式反映了资产的归属关系,是会计对象的公式化,其经济内容和数学上的等量关系,即是资金平衡的理论依据,也是设置账户、复式记账和编制资产负债表的理论依据。因此,此等式在会计上又称为基本会计等式。

2. 收入、费用与利润间的关系

资金运动在动态情况下,其循环周转过程中发生的收入、费用和利润,也存在着平衡关系,其平衡公式如下:

$$收入 - 费用 = 利润 \qquad (等式2)$$

若利润为正,则企业盈利;若利润为负,则企业亏损。

3. 综合等式

企业在经营过程中,或盈利,或亏损。在某一时点,收入-费用=利润,利润为正,这个利润就表明经济利益流入大于经济利益流出,即企业资产增多。由此可见:

$$新的所有者权益 = 旧的所有者权益 + 利润 = 旧的所有者权益 + 收入 - 费用$$
$$新资产 = 负债 + 新的所有者权益$$
$$新资产 = 负债 + 旧所有者权益 + 收入 - 费用 \qquad (等式3)$$

4. 会计等式的恒等性

由上面分析可以看出,第1个会计等式反映的是资金运动的整体情况,也就是企业经营中的某一天,一般是开始日或结算日情况。而第2个等式反映的是企业资金运动状况,资产加以运用取得收入后,资产便转化为费用,收入减去费用后即为利润,该利润作为资产用到下一轮经营,于是便产生等式3,当利润分配后,等式3便消失,又回到等式1。所以不管六大要素如何相互转变,最终均要回到"资产=负债+所有者权益"。下面举例说明该等式的恒等性。

【例3-1】 东方化工厂2014年12月31日拥有2 000万元资产,其中现金0.4万元,银行存款57.6万元,应收账款282万元,存货960万元,固定资产700万元。该工厂接受投资形成实收资本1 100万元,银行借款400万元,应付账款400万元,尚未支付的职工薪酬100万元。可用表3-1反映资产、负债、所有者权益间的平衡关系。

表 3-1 资产负债表 单位:万元

资产		负债及所有者权益	
现金	0.4	银行借款	400
银行存款	57.6	应付账款	400
应收账款	282	应付职工薪酬	100
存货	960	实收资本	1 100
固定资产	700		
合计	2 000	合计	2 000

例 3-1 中,资产总额(2 000 万元)=负债及所有者权益(2 000 万元)反映某一时点上企业会计要素之间的平衡关系,这是一种静态关系。

当企业在继续经营时,发生的经济业务会引起各个会计要素发生增减变化,这些变化总不外乎以下四种类型(具体可以划分为九类):

(1)资金进入企业:资产和权益等额增加,即资产增加,负债及所有者权益增加,会计等式保持平衡。

【例 3-2】 东方化工厂 2015 年 1 月从银行取得贷款 800 万元,现已办妥手续,款项已划入本企业存款账户。这项经济业务对会计恒等式的影响为:

资产+银行存款增加=(负债+所有者权益)+银行借款增加

2 000 万元+800 万元=2 000 万元+800 万元

资产 2 800 万元=负债+所有者权益 2 800 万元

可以看出,会计等式两方等额增加 800 万元,等式没有破坏。

(2)资金退出企业:资产和权益等额减少,即资产减少,负债及所有者权益减少,会计等式保持平衡。

【例 3-3】 东方化工厂支付上年未还的应付货款,已从企业账户中开出转账支票 300 万元,该经济业务对会计等式的影响为:

资产-银行存款减少额=(负债+所有者权益)-应付账款减少额

2 800 万元-300 万元=2 800 万元-300 万元

资产 2 500 万元=负债+所有者权益 2 500 万元

可以看出,会计等式两方等额减少 300 万元,等式没有破坏。

(3)资产形态变化:一种资产项目增加,另一种资产项目等额减少,会计等式保持平衡。

【例 3-4】 东方化工厂开出现金支票 2 万元,以备日常开支使用。该项经济业务对会计等式的影响为:

资产-银行存款减少额+现金增加额=负债+所有者权益

2 500 万元-2 万元+2 万元=2 500 万元

资产 2 500 万元=负债+所有者权益 2 500 万元

(4)权益类别转化:一种权益项目增加,另一种权益项目等额减少,即负债类内部项目之间、权益类内部项目之间或者负债类项目与权益类项目之间此增彼减,会计等式也保持平衡。

【例 3-5】 东方化工厂应付给三洋公司的应付账款 100 万元,经协商同意转作三洋公司对东方化工厂的投资款。该项经济业务对会计等式的影响为：

资产＝负债＋所有者权益－应付账款＋接受长期投资

2 500 万元＝2 500 万元－100 万元＋100 万元

资产 2 500 万元＝负债＋所有者权益 2 500 万元

可以看出，东方化工厂的负债类项目减少 100 万元，所有者权益项目增加 100 万元，等式右方总额没有变化，等式没有破坏。

经过上述变化后的资产负债如表 3-2 所示。

表 3-2 资产负债表   单位：万元

资产		负债及所有者权益	
现金	0.4＋2＝2.4	银行借款	400＋800＝1 200
银行存款	57.6＋800－300－2＝555.6	应付账款	400－300－100＝0
应收账款	282	应付职工薪酬	100
存货	960	实收资本	1 100＋100＝1 200
固定资产	700		
合计	2 500	合计	2 500

3.2 会计科目

➤ 3.2.1 会计科目的概念

企业在经营过程中发生的各种各样的经济业务，会引起各项会计要素发生增减变化。由于企业的经营业务错综复杂，即使涉及同一种会计要素，也往往具有不同的性质和内容。例如，固定资产和现金虽然都属于资产，但它们的经济内容以及在经济活动中的周转方式和产生的作用各不相同。又如应付账款和长期借款，虽然都是负债，但它们的形成原因和偿付期限也是各不相同的。再如所有者投入的实收资本和企业的利润，虽然都是所有者权益，但它们的形成原因与用途不一样。为了实现会计的基本职能，要从数量上反映各项会计要素的增减变化，不但需要取得各项会计要素增减变化及其结果的总括数字，而且要取得一系列更加具体的分类和数量指标。这种对会计要素对象的具体内容进行分类核算的项目称为会计科目。

会计科目是进行各项会计记录和提供各项会计信息的基础，设置会计科目是复式记账中编制、整理会计凭证和设置账簿的基础，并能提供全面、统一的会计信息，便于投资人、债权人以及其他会计信息使用者掌握和分析企业的财务情况、经营成果和现金流量。

➤ 3.2.2 设置会计科目的原则

会计科目作为反映会计要素的构成情况及其变化情况，为投资者、债权人、企业管理者等提供会计信息的重要手段，在其设置过程中应努力做到科学、合理、实用，因此在设计会计科目时应遵循下列基本原则：

（1）设置会计科目要符合国家的会计法规体系的规定。国家的会计法规体系体现了国家对财务会计工作的要求，因此设计会计科目首先要以此为依据，所设置的会计科目，应尽量符合《中华人民共和国会计法》以及《企业会计准则》等规定，以便编制会计凭证，登记账簿，查阅账目，实行会计电算化。

（2）设置会计科目要结合所反映会计要素的特点，具有一定的灵活性。设置会计科目必须对会计要素的具体内容进行分类，以分门别类地反映和监督各项经营业务，不能有任何遗漏，即所设置的会计科目应能覆盖企业所有的要素。比如，有些公司制造工业产品，根据这一业务特点就必须设置反映和监督其经营情况和生产过程的会计科目，如"主营业务收入""生产成本"；而农业企业就可以设置"消耗性生物资产""生产性生物资产"；金融企业则应设置反映和监督吸收和贷出存款相关业务，可以设置"利息收入""利息支出"等科目。此外，为了便于发挥会计的管理作用，企业可以根据实际情况自行增设、减少或合并某些会计科目的明细科目。

（3）设置会计科目要全面反映企业经济业务内容。在会计要素的基础上对会计对象的具体内容作进一步分类时，为了全面而概括地反映企业生产经营活动情况，会计科目的设置要保持会计指标体系的完整，企业所有能用货币表现的经济业务，都能通过所设置某一会计科目进行核算。

（4）会计科目名称力求简明扼要，内容确切。每一科目原则上反映一项内容，各科目之间不能相互混淆。企业可以根据本企业具体情况，在不违背会计科目使用原则的基础上，确定适合本企业的会计科目名称。

➤ 3.2.3　会计科目的内容和级别

1. 会计科目的内容

财政部颁布的《企业会计准则——应用指南》统一制定了企业实际工作中需要使用的会计科目，如表 3-3 所示。

表 3-3　会计科目名称表

编号	名称	编号	名称
	一、资产类		二、负债类
1001	库存现金	2001	短期借款
1002	银行存款	2201	应付票据
1012	其他货币资金	2202	应付账款
1101	交易性金融资产	2203	预收账款
1121	应收票据	2211	应付职工薪酬
1122	应收账款	2221	应交税费
1123	预付账款	2231	应付利息
1131	应收股利	2232	应付股利
1132	应收利息	2241	其他应付款
1221	其他应收款	2501	长期借款
1231	坏账准备	2502	应付债券

编号	名称	编号	名称
1401	材料采购	2701	长期应付款
1402	在途物资	2711	专项应付款
1403	原材料	2801	预计负债
1404	材料成本差异	2901	递延所得税负债
1405	库存商品		三、共同类（略）
1406	发出商品		四、所有者权益类
1407	商品进销差价	4001	实收资本
1408	委托加工物资	4002	资本公积
1471	存货跌价准备	4101	盈余公积
1501	持有至到期投资	4103	本年利润
1502	持有至到期投资减值准备	4104	利润分配
1503	可供出售金融资产		五、成本类
1511	长期股权投资	5001	生产成本
1512	长期股权投资减值准备	5101	制造费用
1521	投资性房地产	5201	劳务成本
1531	长期应收款	5301	研发支出
1601	固定资产		六、损益类
1602	累计折旧	6001	主营业务收入
1603	固定资产减值准备	6051	其他业务收入
1604	在建工程	6101	公允价值变动损益
1605	工程物资	6111	投资收益
1606	固定资产清理	6301	营业外收入
1701	无形资产	6401	主营业务成本
1702	累计摊销	6402	其他业务成本
1703	无形资产减值准备	6403	营业税金及附加
1711	商誉	6601	销售费用
1801	长期待摊费用	6602	管理费用
1811	递延所得税资产	6603	财务费用
1901	待处理财产损溢	6701	资产减值损失
		6711	营业外支出
		6801	所得税费用

注：(1)共同类项目的特点是既可能是资产也可能是负债。在某些条件下是一项权益，形成经济利益的流入，就是资产；在某些条件下是一项义务，将导致经济利益流出企业，这时就是负债。

(2)损益类项目的特点是其项目是形成利润的要素。例如反映收益类科目，如主营业务收入；反映费用类科目，如主营业务成本。

2.会计科目的级别

各个会计科目并不是彼此孤立的,而是相互联系、相互补充,组成一个完整的会计科目体系。通过这些会计科目,可以全面、系统、分类地反映和监督会计要素的增减变动情况及其结果,为经营管理提供所需要的一系列核算指标。在生产经营过程中,由于经济管理的要求不同,所需要的核算指标的详细程度也就不同。根据经济管理的要求,既需要设置提供总括核算指标的总账科目,又需要设置提供详细核算资料的二级明细科目和三级明细科目。

(1)总账科目。总账科目即一级科目,也称总分类会计科目,是对会计要素的具体内容进行总括分类的会计科目,是进行总分类核算的依据。为了满足会计信息使用者对信息质量的要求,总账科目是由财政部《企业会计准则——应用指南》统一规定的。

(2)明细科目。明细科目也称为明细分类会计科目、细目,是在总账科目的基础上,对总账科目所反映的经济内容进行进一步详细的分类的会计科目,以提供更详细、更具体会计信息的科目。如在"原材料"科目下,按材料类别开设"原料及主要材料""辅助材料""燃料"等二级科目。明细科目的设置,除了要符合财政部统一规定外,一般根据经营管理需要,由企业自行设置。对于明细科目较多的科目,可以在总账科目和明细科目设置二级或多级科目。如在"原料及主要材料"下,再根据材料规格、型号等开设三级明细科目。

实际工作中,并不是所有的总账科目都需要开设二级和三级明细科目,根据会计信息使用者所需不同信息的详细程度,有些只需设一级总账科目,有些只需要设一级总账科目和二级明细科目,不需要设置三级科目等。会计科目的级别如表 3-4 所示,以原材料总账和明细账会计科目为例。

表 3-4 原材料总账和明细账会计科目

总账科目	明细科目	
(一级科目)	二级科目(子目)	三级科目(细目)
原材料	原料及主要材料	圆钢、角钢
	辅助材料	润滑剂、石炭酸
	燃料	汽油、原煤

3.会计科目运用举例

【例 3-6】 从银行提取现金 300 元。

该项业务应设置"银行存款"和"库存现金"科目。

【例 3-7】 购买材料 7 000 元,料款尚未支付。

该项业务应设置"原材料"和"应付账款"科目。

【例 3-8】 某投资者投入设备一台,价值 300 000 元。

该项业务应设置"实收资本"和"固定资产"科目。

【例 3-9】 某企业销售产品一批,价值 3 000 元,货款尚未收到。

该项业务应设置"主营业务收入"和"应收账款"科目。

3.3 会计账户

➤3.3.1 会计账户的概念

为了能够分门别类地对各项经济业务的发生所引起会计要素的增减变动情况及其结果进行全面、连续、系统、准确的反映和监督,为经营管理提供需要的会计信息,必须设置一种方法或手段,能核算指标的具体数字资料。因此,必须根据会计科目开设账户。所谓会计账户,是指具有一定格式,用来分类、连续地记录经济业务,反映会计要素增减变动及其结果的一种核算工具。所以设置会计科目以后,还要根据规定的会计科目开设一系列反映不同经济内容的账户。每个账户都有一个科学而简明的名称,账户的名称就是会计科目。会计账户是根据会计科目设置的。设置账户是会计核算的一种专门方法,运用账户把各项经济业务的发生情况及由此引起的资产、负债、所有者权益、收入、费用和利润各要素的变化,系统地、分门别类到进行核算,以便提供所需要的各项指标。

会计账户是对会计要素的内容所作的科学再分类。会计科目与账户是两个既相区别又有联系的不同概念。它们的共同点是:会计科目是设置会计账户的依据,是会计账户的名称;会计账户是会计科目的具体运用,会计科目所反映的经济内容就是会计账户所要登记的内容。它们之间的区别在于:会计科目只是对会计要素具体内容的分类,本身没有结构;会计账户则有相应的结构,是一种核算方法,能具体反映资金运用状况。因此,会计账户比会计科目分户更为明细,内容更为丰富。

➤3.3.2 账户的结构和内容

账户是用来记录经济业务的,必须具有一定的结构和内容。作为会计核算的会计对象,是随着经济业务的发生在数量上进行增减变化,并相应产生变化结果。因此,用来分类记录经济业务的账户必须确定账户的基本结构:增加的数额记在哪里,减少的数额记在哪里,增减变动后的结果记在哪里。

采用不同记账方法,账户的结构是不同的,即使采用同一种记账方法,不同性质的账户结构也是不同的。但是不管采用何种记账方法,也不论是何种性质的账户,其基本结构总是相同的。具体归纳如下:

(1)任何账户一般可以划分为左右两方。每一方再根据实际需要分成若干栏次,用来分类登记经济业务及其会计要素的增加与减少以及增减变动的结果。账户的格式设计一般应包括以下内容:①账户的名称,即会计科目;②日期和摘要,即经济业务发生的时间和内容;③凭证号数,即账户记录的来源和依据;④增加和减少的金额;⑤余额。下面以借贷记账法下账户结构为例,说明账户结构,如表3-5所示。

表3-5 会计科目(账户名称)

日期	凭证号数	摘要	借方	贷方	余额

注:借贷记账法下,以借或贷来表示增加或减少方向。

（2）账户的左右两方是按相反方向来记录增加额和减少额。也就是说，如果规定在左方记录增加额，就应该在右方记录减少额；反之，如果在右方记录增加额，就应该在左方记录减少额。在具体账户的左、右两个方向中究竟哪一方记录增加额，哪一方记录减少额，取决于账户所记录的经济内容和所采用的记账方法。

账户的余额一般与记录的增加额在同一方向。

在账户所记录的主要内容满足这样一个恒等关系：

$$本期期末余额＝期初余额＋本期增加额－本期减少额$$

本期增加额和减少额是指在一定会计期间内（月、季或年），账户在左右两方分别登记的增加金额合计数和减少金额合计数，又可以将其称为本期增加发生额和本期减少发生额。本期增加发生额和本期减少发生额相抵后的差额，就是本期期末余额。如果将本期的期末余额转入下一期，就是下一期的期初余额。

为了教学方便，在教科书中经常采用简化格式丁字账来说明账户结构。这时，账户就省略了有关栏次。丁字账的格式见表 3-6 及 3-7。

表 3-6　丁字账格式（资产类）

左方　　账户名称（会计科目）　　右方	
期初余额 e	
增加额 a	减少额 c
增加额 b	减少额 d
本期增加发生额：$a+b$	本期减少发生额：$c+d$
期末余额：$e+a+b-c-d$	

表 3-7　丁字账格式（负债类、所有者权益类）

左方　　账户名称（会计科目）　　右方	
	期初余额 e
减少额 c	增加额 a
减少额 d	增加额 b
本期减少发生额：$c+d$	本期增加发生额：$a+b$
	期末余额：$e+a+b-c-d$

注：费用、成本账户或收入、利润账户，在通常情况下，期末没有余额。

▷ 3.3.3　总分类账和明细分类账

设置会计账户是会计核算的一种专门方法。会计账户的开设应与会计科目的设置相适应，会计科目按提供核算资料的详细程度分为总账科目、二级明细科目和三级明细科目，会计账户也相应地分为总分类账（一级账户）和明细分类账（二级、三级账户）。通过总分类账户对经济业务进行的核算称为总分类核算。总分类核算只能用货币度量。通过明细分类账户对经济业务进行的核算称为明细分类核算。明细分类核算除了用货币度量外，有些账户还要用实物度量。总分类账户统驭明细分类账户，明细分类账户则对总分类账户起着进一步补充说明的作用。用表 3-8 表示总分类账与明细分类账户。

表 3-8　原材料总分类账户和明细分类账户

总账分类账户 （一级账户）	明细分类账户	
	二级明细分类账户	三级明细分类账户
原材料	原料及主要材料	圆钢、角钢
	辅助材料	润滑剂、石炭酸
	燃料	汽油、原煤

> ### 3.3.4　账户运用举例

例 3-6 至 3-9 的账户设置如下：

(1)从银行提取现金 300 元。

借	库存现金	贷
300		

借	银行存款	贷
		300

(2)购买材料 7 000 元,料款尚未支付。

借	原材料	贷
7 000		

借	应付账款	贷
		7 000

(3)某投资者投入设备一台,价值 300 000 元。

借	固定资产	贷
300 000		

借	实收资本	贷
		300 000

(4)某企业销售产品一批,价值 3 000 元,货款尚未收到。

借	应收账款	贷
3 000		

借	主营业务收入	贷
		3 000

3.4　会计记账方法

会计记账方法是指按照一定的规则,使用一定的符号,在账簿中登记各项经济业务的技术方法。会计上所采用的记账方法最初是单式记账法,随着社会经济的发展,人们逐渐对记账方法加以改进,从而演变成为了复式记账法。

3.4.1　单式记账法

单式记账法是指对发生的每项经济业务,只在一个账户中进行记录的记账方法。例如,用银行存款 5 000 元购买材料,对于这项业务,只在银行存款账户中作减少 5 000 元的登记,而对材料的增加情况,却不在账户中记录。再如,企业赊购一项设备 30 000 元,对于这项业务,只是记录企业应付账款账户增加了 30 000 元,而增加的固定资产则不予登记。

由此可见,单式记账法只反映了经济业务的一个方面,一般只反映库存现金、银行存款收付及人欠、欠人事项,而不反映库存现金、银行存款收付及债权、债务的对象,是一种比较简单、不完整的记账方法。因此,一般只需要设置"库存现金""银行存款""应收账款""应付账款"等账户,而没有一套完整的账户体系,账户之间也不能形成相互对应的关系,不能反映经济业务的来龙去脉,也不能正确核算成本和盈亏,更不便于检查账户记录的正确性和完整性。所以,单式记账法只适用于经济业务非常简单的单位,目前已很少采用。随着商品经济的发展,需要会计核算和监督的经济活动越来越多,单式记账法已不能适应经济管理的需要,取而代之的是复式记账法。

3.4.2　复式记账法

复式记账法是指对每一笔经济业务,都要用相等的金额,在两个或两个以上相互联系的账户中进行记录的记账方法。如"以银行存款 1 000 元购买原材料",这笔业务在记账时,不仅记"银行存款"减少 1 000 元,同时还要记"原材料"增加 1 000 元。所以,在复式记账法下,有科学的账户体系,通过对应账户的双重等额记录,能反映经济活动的来龙去脉,并能运用账户体系的平衡关系来检查全部会计记录的正确性。所以,复式记账法作为科学的记账方法一直被广泛地运用。目前,我国的企业和行政、事业单位所采用的记账方法,都属于复式记账法。

复式记账法根据记账符号、记账规则等不同,又可分为借贷记账法、增减记账法和收付记账法等。其中,借贷记账法是世界各国普遍采用的一种记账方法,在我国也是应用最广泛的一种记账方法,我国颁布的《企业会计准则》明文规定中国境内的所有企业都应该采用借贷记账法记账。采用借贷记账法在相关账户中记录各项经济业务,可以清晰地表明经济业务的来龙去脉,同时也便于试算平衡和检查账户记录的正确性。下面我们重点说明借贷记账法。

3.4.3　借贷记账法

借贷记账法是以"借""贷"二字作为记账符号,记录会计要素增减变动情况的一种复式记账法。下面分别从理论基础、记账符号、账户结构和记账规则这几方面进行介绍。

1. 理论基础

借贷记账法的对象是会计要素的增减变动过程及其结果。这个过程及结果可用公式表示:资产=负债+所有者权益。这一恒等式揭示了三个方面的内容:

第一,会计主体各要素之间的数字平衡关系。有一定数量的资产,就必然有相应数量的权益(负债和所有者权益)与之相对应,任何经济业务所引起的要素增减变动,都不会影响这个等式的平衡。如果把等式的"左""右"两方,用"借""贷"两方来表示的话,就是说每一次记账的借方和贷方是平衡的;一定时期账户的借方、贷方的金额是平衡的;所有账户的借方、贷方余额的合计数是平衡的。

第二,各会计要素增减变化的相互联系。从上一章可以看出,任何经济业务(四类经济业务)都会引起两个或两个以上相关会计项目发生金额变动,因此当经济业务发生后,在一个账户中记录的同时必然要有另一个或两个以上账户的记录与之对应。

第三,等式有关因素之间是对立统一的。资产在等式的左边,当想移到等式右边时,就要以"一"表示,负债和所有者权益也具有同样情况。也就是说,当我们用左方(借方)表示资产类项目增加时,就要用右方(贷方)来记录资产类项目减少。与之相反,当我们用右方(贷方)记录负债和所有者权益增加额时,我们就需要通过左方(借方)来记录负债和所有者权益的减少额。

这三个方面的内容贯穿了借贷记账法的始终。会计等式对记账方法的要求决定了借贷记账法的账户结构、记账规则、试算平衡的基本理论,因此说会计恒等式是借贷记账法的理论基础。

2. 记账符号和账户结构

(1)记账符号。

"借"和"贷"是借贷记账法的标志。这是一对记账符号。这对记账符号,要同借贷记账法的账户结构统一起来应用,才能真正反映出它们分别代表的会计对象要素增减变动的内容。

(2)账户结构。

在借贷记账法中,账户的基本结构是:左方为借方,右方为贷方。但哪一方登记增加,哪一方登记减少,则可以从会计要素的静态恒等式:资产=负债+所有者权益,以及动态平衡方程:资产+费用=负债+所有者权益+收入来分析。

①资产类账户。

由于借贷记账法"借"在左方,"贷"在右方,因此可确定会计要素平衡等式的左边借方记录资产增加,反之其减少就一律登记在贷方。

借方	资产类账户名称	贷方
期初余额 e		
增加额 a		减少额 c
增加额 b		减少额 d
本期增加发生额:$a+b$		本期减少发生额:$c+d$
期末余额:$e+a+b-c-d$		

该账户的发生额和余额之间的关系表示为:

资产类账户期末余额=借方期初余额+本期借方发生额-本期贷方减少额

②负债及所有者权益类账户。

由于负债及所有者权益与资产分别处于等式的两边,为了保持会计恒等式的平衡,等式右边贷方记录负债、所有者权益和收入的增加,反之其减少一律登记在借方。

借方	负债及所有者权益账户名称	贷方
		期初余额 e
减少额 c		增加额 a
减少额 d		增加额 b
本期减少发生额：$c+d$		本期增加发生额：$a+b$
		期末余额：$e+a+b-c-d$

该账户的发生额和余额之间的关系表示为：

负债及所有者权益类账户期末余额＝贷方期初余额＋本期贷方发生额－本期借方减少额

③费用成本类账户。

企业在生产经营过程中会有各种耗费，有成本费用发生，在费用成本抵消收入以前，可以将其看做一种资产。如"生产成本"归集在生产过程中某产品所发生的所有耗费，但在尚未完工结转入库时，其反映企业在产品这项资产的金额。同时费用成本与资产同处于等式的左方，因此其结构与资产类账户的结构基本相同，只是由于借方记录的费用成本的增加额一般都要通过贷方转出，所以账户通常没有期末余额。如果因某种情况有余额，也表现为借方余额。

借方	成本费用类账户名称	贷方
增加额 a		减少额 c
增加额 b		转出额 $a+b-c$
本期增加发生额：$a+b$		本期减少发生额：$a+b$

④收入类账户。

收入类账户的结构与负债及所有者权益的结构一样，收入的增加额计入账户的贷方，收入转出（减少额）应计入账户的借方，由于贷方记录的收入增加额一般要通过借方转出，所以该类账户通常也没有期末余额。

借方	收入类账户名称	贷方
减少额 c		增加额 a
转出额 $a+b-c$		增加额 b
本期减少发生额：$a+b$		本期增加发生额：$a+b$

综上可以看出，"借""贷"二字作为记账符号所表示的经济含义是不一样的，如表 3-9 所示。

表 3-9　借贷方向

借	贷
资产增加	资产减少
负债及所有者权益减少	负债及所有者权益增加
费用成本增加	费用成本转出
收入类转出	收入类增加

3.记账规则

记账规则是进行会计记录和检查账簿登记是否正确的依据和规律。不同的记账方法,具有不同的记账规则。借贷记账法的记账规则可以用一句化概括:"有借必有贷,借贷必相等。"这一记账规则要求对每项经济业务都要以相等的金额、相反的方向,登记在两个或两个以上的账户中去。

3.4.4 借贷记账法的运用

1.运用方法

在实际运用借贷记账法的记账规则登记经济业务时,一般要按三个步骤进行:首先,根据发生的经济业务设置相应的会计科目和账户并判断其是增加还是减少。其次,根据上述分析,确定它所涉及的账户的性质,是资产要素的变化,还是负债或所有者权益的变化;哪些要素增加,哪些要素减少,或都是增加,都是减少,等等。最后,决定该账户的结构,即应记录的方向是借方还是贷方以及各账户应计金额。凡涉及资产及费用成本的增加、负债及所有者权益的减少、收入的减少,都应计入该账户的借方;凡是涉及资产及费用成本的减少、负债及所有者权益的增加、收入的增加,都应计入各该账户的贷方。

2.案例

【例3-10】 中信公司2014年12月31日资产、负债及所有者权益各账户的期末余额如表3-10所示。

表3-10 中信公司期末余额表　　　　　　　　　　　单位:元

资产类账户	金　额	负债及所有者权益类账户	金　额
库存现金	1 000	短期借款	150 000
银行存款	49 000	应付账款	100 000
应收账款	80 000	应付职工薪酬	30 000
原材料	220 000	应付利润	40 000
固定资产	230 000	实收资本	180 000
		资本公积	80 000
总计	580 000	总计	580 000

从上表中,我们可以看到资产580 000＝负债320 000＋所有者权益260 000。

中信公司2015年1月,发生以下业务:

(1)中信公司2015年1月投资者继续投入货币资金200 000元,手续已办妥,款项已转入本公司的存款户头。

该项业务的发生说明,中信公司在拥有260 000元资本金的前提下,继续扩大规模,投入货币资金200 000元。这样对于中信公司来讲,一方面使公司"银行存款"增加,另一方面公司"实收资本"的规模也扩大。经进一步分析,"银行存款"属于资产类账户,"实收资本"属于所有者权益账户。根据借贷记账法下的账户结构,资产的增加通过账户的借方反映,所有者权益的增加通过账户的贷方反映。最后确定,借记银行存款200 000元,贷记实收资本200 000元。

该业务属于等式两边资产与所有者权益等额增加业务。

借	银行存款	贷		借	实收资本	贷
(1)200 000					(1)200 000	

　　(2)中信公司向新乐公司购买所需原材料,但由于资金周转紧张,料款 70 000 元尚未支付。

　　该项业务的发生说明,由于购料款未付,一方面使公司"原材料"增加,另一方面使公司欠款"应付账款"增加。经分析,"原材料"属于资产类账户,"应付账款"属于负债类账户。根据借贷记账法下的账户结构,资产的增加通过账户的借方反映,负债的增加通过账户的贷方反映。最后确定,借记原材料 70 000 元,贷记应付账款 70 000 元。该业务属于等式两边资产与负债等额增加业务。

借	原材料	贷		借	应付账款	贷
(2)70 000					(2)70 000	

　　(3)中信公司通过银行转账支付给银行于本月到期的银行借款 80 000 元。

　　该项业务说明,由于归还以前的银行贷款,一方面使公司属于资产项目的"银行存款"减少 80 000 元,另一方面使属于负债项目的"短期借款"减少 80 000 元。"银行存款"属于资产类账户,"短期借款"属于负债类账户。根据借贷记账法下的账户结构,资产的减少通过账户的贷方反映,负债的减少通过账户的借方反映。最后确定,借记短期借款 80 000 元,贷记银行存款 80 000元。该业务属于等式两边的资产与负债同时等额减少业务。

借	短期借款	贷		借	银行存款	贷
(3)80 000					(3)80 000	

　　(4)上级主管部门按法定程序将一台价值 100 000 元的设备调出,以抽回国家对中信公司的投资。

　　该项业务的发生说明,由于国家调出设备,抽回投资,一方面使公司"固定资产"减少 100 000 元,另一方面使属于所有者权益项目的"实收资本"减少 100 000 元。"固定资产"属于公司的资产账户,"实收资本"属于所有者权益账户。根据借贷记账法下的账户结构,资产的减少通过账户的贷方反映,所有者权益的减少通过账户的借方反映。最后确定,借记实收资本 100 000 元,贷记固定资产 100 000 元,从而导致等式两边的资产与所有者权益同时等额减少。

借	实收资本	贷		借	固定资产	贷
(4)100 000					(4)100 000	

(5)中信公司开出转账支票 40 000 元,购买 1 台电子仪器。

该项业务的发生说明,由于购买仪器设备款已付,一方面使公司新的电子仪器"固定资产"增加 40 000 元,另一方面使"银行存款"减少 40 000 元。"固定资产"和"银行存款"都属于公司的资产账户。根据借贷记账法下的账户结构,资产的增加通过账户的借方反映,资产的减少通过账户的贷方反映。最后确定,借记固定资产 40 000 元,贷记银行存款 40 000 元。该业务属于等式左边的资产内一增一减业务。

借	固定资产	贷		借	银行存款	贷
(5)40 000					(5)40 000	

(6)中信公司开出一张面值为 50 000 元的商业汇票,以抵偿原欠新乐公司的料款。

该项经济业务说明,由于商业汇票抵偿原欠料款,一方面使公司的"应付票据"增加了 50 000 元的金额,另一方面企业的债务"应付账款"减少 50 000 元。"应付票据"和"应付账款"都属于公司的负债账户。根据借贷记账法下的账户结构,负债的增加通过账户的贷方反映,负债的减少通过账户的借方反映。最后确定,借记应付账款 50 000 元,贷记应付票据 50 000 元。该业务属于等式右边的负债内一增一减业务。

借	应付账款	贷		借	应付票据	贷
(6)50 000					(6)50 000	

(7)中信公司按法定程序将资本公积 60 000 元转增资本金。

该业务的发生说明,由于将资本公积 60 000 元转增资本金,一方面使公司的"实收资本"增加 60 000 元,另一方面使"资本公积"减少 60 000 元。"资本公积"和"实收资本"都属于所有者权益类账户。根据借贷记账法下的账户结构,所有者权益的增加通过账户的贷方反映,所有者权益的减少通过账户的借方反映。最后确定,借记资本公积 60 000 元,贷记实收资本 60 000 元。该业务属于等式右边的所有者权益内一增一减业务。

借	资本公积	贷		借	实收资本	贷
(7)60 000					(7)60 000	

(8)中信公司按法定程序将应支付给投资者的利润 20 000 元转增资本金。

该业务的发生说明,由于将应付利润转增资本金,一方面使公司"实收资本"增加 20 000 元,另一方面使应付利润减少 20 000 元。"实收资本"属于所有者权益类账户,"应付利润"属于负债类账户。根据借贷记账法下的账户结构,所有者权益的增加通过账户的贷方反映,负债的减少通过账户的借方反映。最后确定,借记应付利润 20 000 元,贷记实收资本 20 000 元。该业务属于等式右边的所有者权益增加与债权人权益等额减少的业务。

借	应付利润	贷
	(8)20 000	

借	实收资本	贷
	(8)20 000	

（9）中信公司以承诺代甲公司偿还甲公司前欠乙公司的货款 90 000 元，但款项尚未支付。与此同时，办妥相关手续，冲减甲公司在中信公司的投资。

该业务的发生说明一方面由于中信公司已承诺但未支付一笔欠款，使公司的"应付账款"增加 90 000 元，另一方面由于代甲公司支付此项欠款的同时减少甲公司在本公司的投资，使本公司的"实收资本"减少 90 000 元。"实收资本"属于所有者权益类账户，"应付账款"属于负债类账户。根据借贷记账法下的账户结构，负债的增加通过账户的贷方反映，所有者权益的减少通过账户的借方反映。最后确定，借记实收资本 90 000 元，贷记应付账款 90 000 元，导致等式右边的负债及所有者权益类项目之间有增有减的业务。

借	实收资本	贷
	(9)90 000	

借	应付账款	贷
	(9)90 000	

以上举例，已经概括了企业的所有业务类型，而无论哪种类型的经济业务，都是以相等的金额同时计入有关账户的借方和另一账户的贷方。这样就可以归纳出借贷记账法的记账规则为"有借必有贷，借贷必相等"。

借贷记账法的账户结构要求对发生的任何经济事项，都要按借贷相反的方向进行记录，如果在一个账户中记借方，必然在另一账户中记贷方，即有借必有贷。复式记账要求对发生的任何经济事项，都要等额地在相关账户中进行登记，如果采用"借"和"贷"作为记账符号时，借贷的金额一定是相等的。因此，借贷记账法的记账规则是有一定的理论依据的。

3. 借贷记账法下的会计分录

（1）账户的对应关系和对应账户。

从以上举例可以看出，在运用借贷记账法进行核算时，在有关账户之间存在着应借、应贷的相互关系，账户之间的这种相互关系称为账户的对应关系。存在对应关系的账户称为对应账户。例如，用现金 500 元购买原材料，就要在"原材料"账户的借方和"现金"账户的贷方进行记录。这样"原材料"与"现金"账户就发生了对应关系，两个账户也就成了对应账户。掌握账户的对应关系很重要，通过账户的对应关系可以了解经济业务的内容，检查对经济业务的处理是否合理合法。

（2）会计分录。

在借贷记账法下，会计分录是指标明某项经济业务应借、应贷方向，科目名称和金额的记录。会计分录有简单会计分录和复合会计分录两种。只涉及两个账户的会计分录就是简单会计分录。以上列举的九笔会计分录都是简单会计分录。将以上的例子核算事项用会计分录表示为：

①借：银行存款　　　　　200 000
　贷：实收资本　　　　　　200 000

②借:原材料　　　　　70 000
　　贷:应付账款　　　　　　　70 000

③借:短期借款　　　　　80 000
　　贷:银行存款　　　　　　　80 000

④借:实收资本　　　　100 000
　　贷:固定资产　　　　　　100 000

⑤借:固定资产　　　　　40 000
　　贷:银行存款　　　　　　　40 000

⑥借:应付账款　　　　　50 000
　　贷:应付票据　　　　　　　50 000

⑦借:资本公积　　　　　60 000
　　贷:实收资本　　　　　　　60 000

⑧借:应付利润　　　　　20 000
　　贷:实收资本　　　　　　　20 000

⑨借:实收资本　　　　　90 000
　　贷:应付账款　　　　　　　90 000

　　凡涉及两个以上账户的会计分录就是复合会计分录。在实际工作中,不允许将多项经济业务合并编制为复合会计分录,但若是一项经济业务可编制复合会计分录。对复合分录举例如下:

【例3-11】　某公司购买原材料一批,价值98 000元,其中银行存款支付48 000元,其余款项尚未支付。

　　该项业务涉及资产类账户的"原材料"账户、"银行存款"账户和负债类账户的"应付账款"账户,编制复合会计分录如下:

借:原材料　　　　　98 000
　贷:银行存款　　　　　　48 000
　　　应付账款　　　　　　50 000

（3）过账。

　　各项经济业务编制会计分录以后,即应计入有关账户,这个记账步骤通常称为"过账"。过账以后,一般要在月末进行结账,即结算出各账户的本期发生额合计和期末余额,现将中信公司2015年1月发生的经济业务的会计分录计入下列各账户。

借	库存现金	贷		借	应付职工薪酬	贷
期初余额 1 000						期初余额 30 000
本期发生额—		本期发生额—		本期发生额—		本期发生额—
期末余额 1 000						期末余额 30 000

借	银行存款	贷
期初余额 49 000		
(1)200 000	(3)80 000	
	(5)40 000	
本期发生额 200 000	本期发生额 120 000	
期末余额 129 000		

借	应付账款	贷
	期初余额 10 000	
(6)50 000	(2)70 000	
	(9)90 000	
本期发生额 50 000	本期发生额 160 000	
	期末余额 210 000	

借	原材料	贷
期初余额 220 000		
(2)70 000		
本期发生额 70 000	本期发生额—	
期末余额 290 000		

借	短期借款	贷
	期初余额 150 000	
(3)80 000		
本期发生额 80 000	本期发生额—	
	期末余额 70 000	

借	固定资产	贷
期初余额 230 000		
(5)240 000	(4)100 000	
本期发生额 40 000	本期发生额 100 000	
期末余额 170 000		

借	应付票据	贷
	期初余额 0	
	(6)50 000	
本期发生额—	本期发生额 50 000	
	期末余额 50 000	

借	应付利润	贷
	期初余额 40 000	
(8)20 000		
本期发生额 20 000	本期发生额—	
	期末余额 20 000	

借	资本公积	贷
	期初余额 80 000	
(7)60 000		
本期发生额 60 000	本期发生额—	
	期末余额 20 000	

借	应收账款	贷
期初余额 80 000		
本期发生额—	本期发生额—	
期末余额 80 000		

借	实收资本	贷
	期初余额 180 000	
(4)100 000	(1)200 000	
(9)90 000	(7)60 000	
	(8)20 000	
本期发生额 190 000	本期发生额 280 000	
	期末余额 270 000	

3.5 试算平衡

企业对日常发生的经济业务都要计入有关账户,内容庞杂,次数繁多,记账稍有疏忽,便有可能发生差错。因此,对全部账户的记录必须定期进行试算,借以验证账户记录是否正确。所谓试算平衡是指根据会计恒等式"资产=负债+所有者权益"以及借贷记账法的记账规则,通过汇总、检查和验算确定所有账户记录是否正确的过程。它包括发生额试算平衡和余额试算平衡。

➤ 3.5.1 发生额试算平衡

发生额平衡包括两方面的内容:一是每笔会计分录的发生额平衡,即每笔会计分录的借方发生额必须等于贷方发生额,这是由借贷记账法的记账规则决定的;二是本期发生额的平衡,即本期所有账户的借方发生额合计必须等于所有账户的贷方发生额合计。因为本期所有账户的借方发生额合计,相当于把复式记账的借方发生额相加;所有账户的贷方发生额合计,相当于把复式记账的贷方发生额相加,二者必然相等。这种平衡关系用公式表示为:

$$\sum 所有业务借方发生额 = \sum 所有业务贷方发生额$$

本期全部账户借方发生额合计 = 本期全部账户贷方发生额合计

发生额试算平衡是根据上面两种发生额平衡关系,来检验本期发生额记录是否正确的方法。在实际工作中,本项工作是通过编制发生额试算平衡表进行的,如表 3-11 所示。

表 3-11　发生额试算平衡表　　　　　　　单位:元

会计科目	本期发生额	
	借方	贷方
库存现金		
银行存款	200 000	120 000
应收账款		
原材料	70 000	
固定资产	40 000	100 000
短期借款	80 000	
应付票据		50 000
应付账款	50 000	160 000
应付职工薪酬		
应付利润	20 000	
实收资本	190 000	280 000
资本公积	60 000	
合计	710 000	710 000

➤ 3.5.2 余额试算平衡

余额平衡是指所有账户的借方余额之和与所有账户的贷方余额之和相等。余额试算平衡就是根据恒等关系,来检验本期记录是否正确的方法。这是由"资产＝负债＋所有者权益"的恒等关系决定的。在某一时点上,有借方余额的账户应是资产类账户,有贷方余额的账户应是权益类账户,分别合计其金额,即是具有相等关系的资产与权益总额。根据余额的时间不同,可分为期初余额平衡和期末余额平衡。本期的期末余额平衡,结转到下一期,就成为下一期的期初余额平衡。这种关系也可用下列公式表示:

$$资产＝负债＋所有者权益$$

本期期末资产借方余额＝本期期末负债贷方余额＋本期期末所有者权益贷方余额

本期期末全部账户的借方余额合计＝本期期末全部账户的贷方余额合计

在实际工作中,本项工作是通过编制余额试算平衡表进行的,如表 3-12 所示。

表 3-12　余额试算平衡表　　　　　　　　　单位:元

会计科目	期末余额	
	贷方	借方
库存现金	1 000	
银行存款	129 000	
应收账款	80 000	
原材料	290 000	
固定资产	170 000	
短期借款		70 000
应付票据		50 000
应付账款		210 000
应付职工薪酬		30 000
应付利润		20 000
实收资本		270 000
资本公积		20 000
合计	670 000	670 000

在实际工作中也可将发生额及余额试算平衡表合并编表,如表 3-13 所示。

表 3-13　发生额及余额试算平衡表　　　　　　　单位:元

会计科目	期初余额		本期发生额		期末余额	
	借方	贷方	借方	贷方	借方	贷方
库存现金	1 000				1 000	
银行存款	49 000		200 000	120 000	129 000	
应收账款	80 000				80 000	
原材料	220 000		70 000		290 000	
固定资产	230 000		40 000	100 000	170 000	
短期借款		150 000	80 000			70 000

会计科目	期初余额		本期发生额		期末余额	
	借方	贷方	借方	贷方	借方	贷方
应付票据				50 000		50 000
应付账款		100 000	50 000	160 000		210 000
应付职工薪酬		30 000				30 000
应付利润		40 000	20 000			20 000
实收资本		180 000	190 000	280 000		270 000
资本公积		80 000	60 000			20 000
合计	580 000	580 000	710 000	710 000	670 000	670 000

应该看到,试算平衡表只是通过借贷金额是否平衡来检查账户记录是否正确,而有些错误对于借贷双方的平衡并不发生影响。因此,在编制试算平衡表时对以下问题要引起注意:

(1)必须保证所有账户的余额均已计入试算平衡表。因为会计等式是对六项会计要素整体而言的,缺少任何一个账户的余额,都会造成期初或期末借方与贷方余额合计不相等。

(2)如果借贷不平衡,肯定是账户记录有错误,应认真查找,直到实现平衡为止。

(3)如果借贷平衡,也并不能说明账户记录绝对正确,因为有些错误对于借贷双方的平衡并不发生影响。例如:

①某项经济业务,将使本期借贷双方的发生额减少,借贷仍然平衡;

②重记某项经济业务,将使本期借贷双方的发生额发生等额虚增,借贷仍然平衡;

③某项经济业务记错有关账户,借贷仍然平衡;

④某项经济业务颠倒了记账方向,借贷仍然平衡;

⑤借方或贷方发生额中,偶然一多一少并相互抵消,借贷仍然平衡。

本章小结

本章主要讲述会计记账的方法,包括会计要素与会计基本等式、会计科目与会计账户、复式记账法与借贷记账法及试算平衡。

1.会计要素是会计核算对象的基本分类,是设定会计报表结构和内容的依据,也是进行确认和计量的依据。对会计要素加以严格定义,就能为会计核算奠定坚实的基础。会计要素包括资产、负债、所有者权益、收入、费用和利润等。

2.会计等式,是对各会计要素的内在经济关系利用数学公式所作的概括表达,即反映各会计要素数量关系的等式。它提示各会计要素之间的联系,是复式记账、试算平衡和编制会计报表的理论依据。

3.会计科目是进行各项会计记录和提供各项会计信息的基础,设置会计科目是复式记账中编制、整理会计凭证和设置账簿的基础,并能提供全面、统一的会计信息,便于投资人、债权人以及其他会计信息使用者掌握和分析企业的财务情况、经营成果和现金流量。

4.所谓会计账户,是指具有一定格式,用来分类、连续地记录经济业务,反映会计要素增减变动及其结果的一种核算工具。

5.借贷记账法是以"借""贷"二字作为记账符号,记录会计要素增减变动情况的一种复式记账法。借贷记账法的规则是"有借必有贷、借贷必相等"。

6.试算平衡是指根据会计恒等式"资产＝负债＋所有者权益"以及借贷记账法的记账规则,通过汇总、检查和验算确定所有账户记录是否正确的过程。它包括发生额试算平衡和余额试算平衡。

复习思考题

1.为什么企业的资产总额始终等于权益总额?

2.什么是会计科目和账户?二者有何关系?

3.试述借贷记账法的账户结构特征。

4.试述借贷记账法及其构成内容。

5.试述会计分录及其编制方法。

实务训练题

习题一

1.目的:对企业资金变化类型进行分析。

2.资料:某企业发生如下的经济业务:

(1)收到投资人投入设备一台。

(2)用银行存款购买材料。

(3)用银行存款归还购料欠款。

(4)从银行提取现金备发工资。

(5)从银行取得短期借款存入银行。

(6)经批准,用银行存款代某投资人偿还欠款以减少其资本金。

(7)开出商业汇票一张抵偿购料欠款。

(8)经批准,某投资人代企业归还一批银行贷款应将其转为对企业的投资。

(9)经批准用资本公积金转增资本。

(10)经批准,某投资人退资,企业开出商业汇票一张支付。

(11)企业原开出商业汇票到期,用商业存款支付。

(12)企业用设备一台与外单位联营。

(13)收回某单位所欠货款存入银行。

(14)某职工借支差旅费,用现金支付。

3.要求:分析上述各项经济业务所引起的资金变化类型并填列下表:

资金变化类型	经济业务序号
1.资产内部项目—增—减	
2.负债内部项目—增—减	
3.所有者权益内部项目—增—减	
4.一项负债增加,一项所有者权益减少	
5.一项负债减少,一项所有者权益增加	
6.资产和负债同时增加	
7.资产和所有者权益同时增加	
8.资产和负债同时减少	
9.资产和所有者权益同时减少	

习题二

1.目的:熟悉会计科目的级次。

2.资料:某企业使用的部分一级科目、二级科目和明细科目如下:

(1)应收账款　　　　　　(2)应付账款

(3)××设备　　　　　　(4)厂房

(5)甲材料　　　　　　　(6)乙材料

(7)办公大楼　　　　　　(8)原材料

(9)润滑油　　　　　　　(10)应收 A 公司货款

(11)生产用固定资产　　　(12)非生产用固定资产

(13)应付 B 公司货款　　　(14)主要材料

(15)辅助材料　　　　　　(16)应付 C 公司货款

(17)固定资产　　　　　　(18)应交税金

(19)应交增值税　　　　　(20)应交所得税

3.要求:根据上述会计科目分析判断其级次归属并填列下表。

一级科目	二级科目	明细科目

第4章
主要经济业务的核算和成本计算

4.1 主要经济业务核算的意义和内容

　　企业是按照社会主义市场经济体制的要求面向市场、独立核算、自负盈亏、自我积累、自我发展的生产经营性实体。它的基本任务是努力增加产品产量,增加服务项目,提高产品及服务质量,满足市场需要,加强企业管理,减少活劳动和物化劳动耗费,降低成本,增加盈利,提高经济效益,为发展社会主义市场经济积累更多资金。为了完成上述任务,企业必须要以效益为中心,做好各方面工作。其中正确进行生产及经营过程核算,利用会计资料、会计信息及会计管理,规范企业生产经营行为是一个重要方面。会计工作要及时、准确地提供能反映实际生产经营过程和经营结果的各种数量指标和质量指标,如材料采购数量和单位材料采购成本、产品生产数量和单位产品生产成本,以及利润净额(或亏损)和利润分配情况,以使企业及时了解生产经营过程的进度,调整生产经营中出现的偏差,以保证完成和超额完成各项计划指标。

　　企业的生产经营活动最具代表性的是工业生产企业,其涉及的会计业务,也是最全面的。工业企业为了进行生产经营活动,必须要有一定数量的财产、物资,这些财产物资的货币表现就是资金。随着生产经营活动的进行,物资以货币资金—储备资金—生产资金—成品资金—货币资金的形式不断运动,依次经过供应、生产、销售三个过程,在这个过程中取得的收入扣减发生的成本及费用后,形成利润,再将利润进行分配。如在供应过程中,企业要用货币购买固定资产、原材料,并按照等价交换的原则支付货款及采购费用,计算并结转材料采购成本。这是资金从货币资金形态转化为储备资金形态。在生产过程中,企业雇佣劳动者,消耗固定资产和原材料制造出产品,这些生产费用要归集和分配到各种产品中去,计算并结转产品生产成本。随着生产费用的支出和产成品的形成,资金又从储备资金形态转化为生产资金形态并进一步转化为成品资金形态。在销售过程中,企业出售产品,并根据等价交换原则收取货款,这时资金又从成品资金形态转化为货币资金形态,其间还要支付销售费用、交纳税金、结转销售产品的生产成本、计算财务成果。这些都是在供应、生产、销售过程中发生的经济业务。所以企业的三个主要经营过程以及资金的投入、调整、退出等经济业务,构成工业企业经营过程核算的主要内容,具体可概括为以下五个方面:

　　1. 资金的筹集业务

　　企业为了进行生产经营活动需要有一定数量的资金。从各种渠道筹集所需资金是企业的一项重要业务活动。因此,资金筹集业务的核算是企业会计核算的重要内容。

　　2. 生产准备业务

　　企业筹集资金是为了运用资金实现其经营目标。将筹集的资金建造厂房、建筑物,购买机器设备,为产品生产准备好必要的劳动手段;同时还要购买各种材料,为产品生产准备必要的劳动对象。这些为产品生产作准备的业务活动,可以统称为生产准备业务。生产准备业务的核算也是企业会计核算的重要内容。

3. 产品生产业务

在生产过程中,企业生产出社会所需要的产品,同时又要发生各种各样的成本费用,为了明确企业生产与销售产品的经营成果,需将生产过程中发生的各项成本费用,按照产品的种类进行归集和分配,计算产品的生产成本。

4. 生产销售业务

企业生产出产品,其最终目的是对外销售,向客户收取货款。企业销售的产品不但在生产过程中要发生一定的生产成本,而且在销售过程中还要发生一定的销售费用,产品销售后还要按照国家规定缴纳销售税金。将已售产品的生产成本、销售税金与销售收入对比,以确定企业销售业务的盈利或亏损。

5. 财务成果业务

工业企业完成产品销售业务后,要确定一定期间的最终财务成果,即利润或亏损。企业实现的利润总额,首先要缴纳所得税费用,税后利润再按照规定进行分配,一部分分配给企业的所有者,一部分留归企业自行分配。

综上所述,企业的主要经济业务可以分为资金筹集业务、生产准备业务、产品生产业务、产品销售业务与财务成果业务。为了全面、正确地核算和监督这些经济业务,企业必须根据各项经济业务的具体内容设置相应的账户,运用借贷记账法进行账务处理。

4.2 资金筹集业务的核算

企业筹集的资金包括投资人投入的资本(实收资本)和向银行及其他金融机构借入的资金。

➤ 4.2.1 实收资本业务的核算

1. 实收资本的基本内容及账户设置

实收资本是指企业实际收到投资者投入的资本,它是企业所有者权益的主要内容。企业所有者以现金等形式向企业投资,这种投资导致企业资产增加,企业所有者对这些资产的所有权也相应增加。

企业的各项所有者投资应按实际投资数额入账。以现金或银行存款投资的,应按实际收到的款项作为所有者投资入账;以实物形式投资的,应当对实物进行评估,按双方认可的评估数额作为实际投资额入账。

无形资产投资是指投资人以拥有的专利权、非专利技术、商标权、土地使用权等作为投资。应按双方同意接受的数额确定无形资产的价值,还应以必要的文件作为处理依据。以无形资产进行投资,其投资额度按中国现行财务制度规定,不得超过企业注册资金的20%;情况特殊需要超过20%,应当经有关部门审查批准,但最高不超过30%。

企业所有者投入的资本应当保全。除法律、行政法规另有规定外,企业所有者不得抽走投资。企业在经营过程中取得的收入、发生的费用,以及财产物资的盘盈盘亏等,不应直接增减所有者投资。

实收资本的核算应设置和使用"实收资本"账户,"实收资本"账户属于所有者权益类账户,核算企业投资者投入资本及公积金转增资本的增减变化及其结果。该账户贷方发生额登记企业实际收到的投资者投入的资本及公积金转增的资本;借方发生额登记投资者投入资本的减少;期末余额在贷方,反映累计实收资本总额。

2. 实收资本的账务处理

【例 4 - 1】 某外资企业向甲企业投资 100 000 元,存入银行。

这笔经济业务的发生,一方面反映投入资本增加,应计入"实收资本"账户的贷方;另一方面反映银行存款增加,应计入"银行存款"账户的借方。其会计分录如下所示:

借:银行存款　　　　　　　100 000
　　贷:实收资本——×外资企业　　100 000

【例 4 - 2】 某单位向甲企业投资全新设备一台,价值 150 000 元。

这笔经济业务的发生,一方面说明其他单位以固定资产作为资本投入,应计入"实收资本"账户的贷方;另一方面说明固定资产增加,应计入"固定资产"账户的借方。其会计分录如下所示:

借:固定资产　　　　　　　150 000
　　贷:实收资本——×单位　　150 000

【例 4 - 3】 某投资人向甲企业投资专利技术一项,价值 10 000 元。

这笔经济业务的发生,一方面说明投资人以无形资产作为资本投入,应计入"实收资本"账户的贷方;另一方面说明无形资产增加,应计入"无形资产"账户的借方。其会计分录如下所示:

借:无形资产　　　　　　　10 000
　　贷:实收资本——×投资人　　10 000

▷ 4.2.2　银行借款业务的核算

1. 银行借款业务的内容及账户设置

企业在生产经营过程中,由于周转资金不足,可以向银行或其他金融机构借款,以补充资本的不足。企业向银行借款,必须与银行签订借款合同,按银行规定办理手续,支付利息,到期归还。

企业向银行和其他金融机构借入的款项,按其借款期限长短分为短期借款和长期借款。经营期间的借款利息按规定计入财务费用。因此,银行借款的核算应设置和使用"短期借款"、"长期借款"和"财务费用"等账户。

"短期借款"和"长期借款"账户均属于负债类账户,分别核算企业借入期限在一年以内和一年以上的各种贷款。该类账户贷方发生额登记企业实际借入的各种借款;借方发生额登记偿还的各种借款;期末余额在贷方,反映尚未归还的各种借款累计总额。

"财务费用"账户属于损益类账户。它是用来核算企业为筹集生产经营所需资金而发生的各项费用的账户。"财务费用"账户借方本期发生额登记企业发生的财务费用,包括利息支出、汇兑损失以及相关银行手续等;贷方本期发生额登记冲减财务费用的利息支出、汇兑收益以及于期末转入"本年利润"账户借方的财务费用净额;由于期末时将本期确认的财务费用净额已结转到"本年利润"账户,因此,转账后本账户应无余额。

"应付利息"账户属于负债类账户。它是用来核算企业按照合同约定应支付的利息,包括吸收存款、分期付息到期还本的长期借款、企业债券等应支付的利息。"应付利息"账户借方登记实际支付的利息;贷方登记企业按照合同利率计算确定的应付未付利息;期末余额一般在贷方,反映企业应付未付的利息。

2.银行借款业务账务处理

【例4-4】 1月19日某企业向银行借入期限为6个月、金额为500 000元的短期借款,存入开户银行。

这一经济业务的发生,一方面使企业银行存款这项资产增加500 000元,另一方面使企业短期借款这项负债增加500 000元。银行存款这项资产增加,应借记"银行存款"账户;短期借款这项负债增加,应贷记"短期借款"账户。会计分录如下:

借:银行存款　　　　　　500 000
　　贷:短期借款　　　　　　500 000

【例4-5】 1月29日企业向银行借入期限为2年、金额为300 000元的长期借款,存入开户银行。

这一经济业务的发生,一方面使企业银行存款这项资产增加300 000元,另一方面使企业长期借款这项负债增加300 000元。银行存款这项资产增加,应借记"银行存款"账户;长期借款这项负债增加,应贷记"长期借款"账户。会计分录如下:

借:银行存款　　　　　　300 000
　　贷:长期借款　　　　　　300 000

【例4-6】 由于季节性储备材料的需要,企业临时向银行借入短期周转金50 000元。

该业务一方面使企业短期借款负债增加50 000元,应计入"短期借款"账户的贷方;另一方面使企业银行存款资产增加50 000元,应计入"银行存款"账户的借方。会计分录如下:

借:银行存款　　　　　　50 000
　　贷:短期借款　　　　　　50 000

【例4-7】 企业向银行支付当月银行存款利息30 000元。

该业务一方面使企业财务费用增加30 000元,应计入"财务费用"账户的借方;另一方面使企业银行存款资产减少30 000元,应计入"银行存款"账户的贷方。会计分录如下:

借:财务费用　　　　　　30 000
　　贷:银行存款　　　　　　30 000

【例4-8】 企业向银行贷款5 000 000元,贷款期限2年,年息6%,6个月支付一次利息。

每个月末计提利息:

借:财务费用　　　　　　25 000
　　贷:应付利息　　　　　　25 000

半年支付一次利息:

借:财务费用　　　　　　25 000
　　应付利息　　　　　　125 000
　　贷:银行存款　　　　　　150 000

【例4-9】 企业在银行的流动资金存款利息结算单为2 153.18元。

借:银行存款　　　　　　2 153.18
　　贷:财务费用　　　　　　2 153.18

▷4.2.3　固定资产业务的核算

1. 固定资产的内容

固定资产是指使用期限超过一年的房屋、建筑物、机器、机械、运输工具以及其他与生产经营有关的设备、器具、工具等。不属于生产经营主要设备的物品,单位价值在 2 000 元以上,并且使用期限超过两年的,也应当作为固定资产。固定资产是工业企业进行生产经营活动的主要劳动资料。它使用时间较长,单位价值较高。

固定资产的正确计价是对固定资产进行价值核算的前提。为了如实地、科学地考核固定资产价值的增减变动情况,就必须遵循一定的计价标准,对固定资产正确计价。固定资产原始价值是指企业购建某项固定资产达到可用状态前的一切合理的、必要的支出。固定资产共有以下六种:

(1)外购的固定资产,按照实际支付的买价或售出单位的账面原价(扣除原安装成本)加上支付的运输费、保险费、包装费、安装成本费和缴纳的税金等计价。

(2)自行建造的,按照建造过程中实际发生的全部支出计价。

(3)投资者投入的,按照评估确认的原值计价。

(4)融资租入的,按照租赁协议或者合同确定的价款加运输费、保险费、安装调试费等计价。

(5)接受捐赠的,按照发票账单所列金额加上由企业负担的运输费、保险费、安装调试费等计价。无发票账单的,按照同类设备市价计价。

(6)在原有固定资产基础上进行改扩建的,按照固定资产原价,加上改扩建发生的支出,减去改扩建过程中发生的固定资产变价收入后的余额计价。

固定资产的计价原则是由国家统一规定的,企业通过各种方式取得固定资产时,都必须按照国家规定的固定资产计价原则,按照固定资产的原始价值或重置完全价值计价入账。对于已经入账的固定资产价值不得任意变动,有特殊情况的除外。

2. 固定资产增加、减少的核算需要设置的会计科目

为了全面反映固定资产增减变动及其资金占用情况,企业进行固定资产总分类核算应设置以下四个总分类账户:

(1)"固定资产"账户。该账户是以原始价值反映企业全部固定资产的增减变动以及结存情况,其借方登记增加的固定资产原始价值;贷方登记减少的固定资产原始价值;借方余额反映企业现有全部固定资产的原始价值。

(2)"累计折旧"账户是固定资产的抵减账户,用于核算企业固定资产因磨损而减少的价值。虽然该账户按会计要素属于资产类账户,但按用途和结构划分属于抵减调整账户,它用来调整固定资产账户的实际余额,以确定固定资产净值。因此,与一般的资产类账户结构相反,该账户贷方本期发生额登记企业按月计提的固定资产折旧数,借方本期发生额登记企业因出售、报废、毁损及盘亏等原因减少固定资产而相应冲减的折旧数;期末余额在贷方,反映到本期期末为止固定资产已损耗价值的累计数。

(3)"在建工程"账户。在建工程是指企业固定资产的新建、改建、扩建,或技术改造、设备更新和大修理工程等尚未完工的工程支出。外购需要安装、调试的固定资产在本科目进行归集,安装调试完毕再转入"固定资产"科目。

(4)"应交税费"账户。该账户主要核算企业购置设备时应从销项税额中扣除的进项税额,发生进项税额时应记录在该账户的借方。根据《中华人民共和国增值税暂行条例》规定,一般纳税人增值税的扣除数应以从销售方取得的增值税专用发票上注明的增值税额确定。计算公式为:进项税额=买价×扣除率(17%)。购进设备过程中支付运输费用的,按照运输费用结算单据上注明的运输费用金额和7%的扣除率计算进项税额。

3.固定资产业务的账务处理

【例4-10】 企业购入不需要安装的生产设备,设备价款30 000元,增值税税率17%,计5 100元,以银行存款支付。编制的分录为:

这笔经济业务的发生,一方面说明生产设备增加30 000元,应计入"固定资产"账户的借方,同时"应交税费——应交增值税"借方增加5 100元,另一方面"银行存款"减少35 100元。

借:固定资产——生产设备　　　　　30 000
　　应交税费——应交增值税　　　　 5 100
　　贷:银行存款　　　　　　　　　　　　　35 100

【例4-11】 企业购入需要安装的生产用设备一台,买价50 000元,销售方开具的增值税专用发票上注明增值税额8 500元。发生运输费500元。款项已通过银行支付。假定按照运输费用金额和扣除率计算的进项税额不予考虑。编制的分录为:

这笔经济业务的发生,一方面说明生产设备增加50 500元,应计入"在建工程"账户的借方,同时"应交税费——应交增值税"借方增加8 500元,另一方面"银行存款"减少59 000元。

借:在建工程　　　　　　　　　　　　50 500
　　应交税费——应交增值税(进项税额)　8 500
　　贷:银行存款　　　　　　　　　　　　　59 000

【例4-12】 企业以上设备投入安装,发生安装费800元,调试费200元,款项已通过银行支付。编制的分录为:

这笔经济业务的发生,一方面说明生产设备价值增加1 000元,应计入"在建工程"账户的借方,另一方面"银行存款"减少1 000元。

借:在建工程　　　　　　　　　　　　1 000
　　贷:银行存款　　　　　　　　　　　　　1 000

【例4-13】 以上设备安装完毕,经负荷联合试车已达到预计可使用状态,结转其实际成本51 500元(50 500+1 000)。编制的分录为:

这笔经济业务的发生,表示该设备安装完毕,可以交付使用,由"在建工程"转入"固定资产",一方面说明固定资产增加51 500元,应计入"固定资产"账户的借方,另一方面"在建工程"减少51 500元。

借:固定资产　　　　　　　　　　　　51 500
　　贷:在建工程　　　　　　　　　　　　　51 500

4.3　材料采购业务核算和采购成本计算

▶ 4.3.1　材料采购业务核算的内容和账户设置

材料采购业务是企业经营过程的开端业务。企业购买原材料,不仅要支付材料货款、支付增值税,而且还可能向其他有关部门支付运输费、装卸费等各种采购费用。以上款项既可能是在购进材料时直接支付的(即现购),也可能是在购进材料以后某一时刻支付的,也可能是在这次购货之前预付的,还可能是购买几批材料一起支付的。

为了核算材料购进业务,企业应设置"材料采购""原材料""应交税费——应交增值税""应付账款""应付票据""预付账款"等账户。

"材料采购"账户属于资产类账户,用于核算企业外购材料的买价和采购费用,贷方发生额登记已办理完规定验收入库手续而转入"原材料"账户的实际成本;期末如有余额在借方,反映尚未验收入库的在途材料成本。"材料采购"账户可按外购材料的种类或名称设置明细分类账户,以便分别归集各种外购材料的实际成本,进行明细分类核算。

"原材料"账户属于资产类账户,用于核算企业库存的各种材料增减变动和结算情况。该账户借方发生额登计入库材料实际成本,贷方发生额登记发出材料的实际成本,期末余额在借方,反映库存材料成本。"原材料"账户应按材料的种类或名称设置明细账进行明细分类核算。

"应交税费——应交增值税"属于负债类账户,是"应交税费"账户的明细账户,用于核算企业因购进货物或接受应税劳务、销售货物或提供应税劳务而发生的应交增值税额。该账户贷方发生额登记企业因销售货物或提供应税劳务收到的销项税额以及出口退税、转出已支付或应分担的增值税,借方发生额登记企业因购进货物或接受应税劳务而支付的进项税额、实际已缴纳的增值税;期末余额可能在借方,反映企业多交或尚未抵扣的增值税,也可能在贷方,反映企业未交纳的增值税。

"应付账款"属于负债类账户,用于核算企业购买材料、固定资产和接受劳务等而与供应单位发生的结算债务增减变动情况的账户。该账户贷方发生额登记企业因赊购材料、物资等而应付供应单位的债务增加,借方发生额登记企业偿还供应单位债务等而减少的应付账款;期末余额一般在贷方,反映企业尚欠供应单位的债务结存数额。该账户应按供应单位设置明细账进行明细分类核算。

"应付票据"账户属于负债类账户,核算企业购买材料、设备、接受劳务等而向供应单位开出并承兑的商业汇票。该账户贷方发生额登记企业开出并承兑的商业汇票金额,借方发生额登记支付到期商业汇票的金额,期末余额在贷方,反映尚未到期支付的商业汇票金额。该账户应按供应单位设置明细账进行明细分类核算。

"预付账款"属于资产类账户,用于核算企业购买材料、物资和接受劳务供应等而与供应单位发生的结算债权增减变动的情况。该账户借方发生额登记预付给供应单位的款项,贷方发生额登记因收到供应单位提供的材料、物资或劳务供应而冲销的预付供应单位款项;期末余额一般在借方,反映尚未收到材料或接受劳务供应的预付款项。该账户应按供应单位设置明细账进行明细分类核算。预付账款业务不多的企业,可不单独设"预付账款"账户,而将发生的预付账款合并在"应付账款"账户核算。

➤ 4.3.2 材料采购业务核算的账务处理

【例4-14】 1月6日企业购入甲材料5 000千克,每千克4元,乙材料4 000千克,每千克4元,共计36 000元,增值税税率17%,计6 120元。材料尚未验收入库,款项以银行承兑汇票一张付讫。

这一经济业务的发生,一方面使得甲乙两种材料增加36 000元,应计入"材料采购"账户的借方,应交税费6 120元计入"应交税费"的借方;另一方面表明企业对供应单位的应付票据债务增加,应计入"应付票据"账户的贷方。其会计分录如下:

借:材料采购——甲材料　　　　20 000
　　　　　　——乙材料　　　　16 000
　　应交税费——应交增值税　　6 120
　　贷:应付票据　　　　　　　　　　42 120

【例4-15】 1月8日企业购入丙材料5 000千克,每千克10元,增值税税率17%,计8 500元。材料尚未验收入库,货款以银行存款支付。

这笔经济业务的发生,一方面表明丙材料的买价是50 000元,未验收入库,应计入"材料采购"账户的借方,应交增值税8 500元应计入"应交税费"账户的借方;另一方面表明材料价款已用银行存款付清,应计入"银行存款"账户的贷方。其会计分录如下:

借:材料采购——丙材料　　　　50 000
　　应交税费——应交增值税　　8 500
　　贷:银行存款　　　　　　　　　　58 500

【例4-16】 1月8日企业以银行存款支付丙材料的运杂费2 000元,以现金支付装卸费520元。

这笔经济业务的发生,使丙材料采购费用增加2 520元,应计入"材料采购"账户的借方;另一方面表明这两笔采购费用是分别用银行存款和现金支付的,应计入"银行存款"和"现金"账户的贷方。其会计分录如下:

借:材料采购——丙材料　　　　2 520
　　贷:银行存款　　　　　　　　　　2 000
　　　库存现金　　　　　　　　　　520

【例4-17】 例4-14中开出的银行承兑汇票到期,企业以银行存款归还票面额42 120元。

这笔经济业务的发生,一方面表明银行承兑汇票减少,应借记"应付票据";另一方面银行存款减少,应贷记"银行存款"。其会计分录如下:

借:应付票据　　　　　　　　　42 120
　　贷:银行存款　　　　　　　　　　42 120

➤ 4.3.3 材料采购成本的计算和结转

1.材料采购成本的构成内容
材料采购成本主要由以下部分构成:
(1)材料的买价,指供货单位的发票上标明的单价和总价。

（2）运杂费，包括材料运输过程中的运输费、装卸费、保险费、包装费、仓储费等。

（3）材料损耗，指运输途中的合理损耗。

（4）挑选整理费，指材料入库前的挑选整理费用（包括挑选整理中发生的损耗，扣除回收的下脚废料价值）。

2. 材料采购成本的计算及账务处理

在计算材料采购成本时，凡是能直接计入材料的直接费用，应直接计入该种材料的采购成本；不能直接计入某种材料的间接费用，即多种材料共同发生的采购费用，应按照一定标准在有关各种材料之间进行分配，分别计入各种材料的采购成本，分配标准按照一般材料重量或买价的比例计算。

分配标准的选择应主要考虑分摊共同费用的公平性、合理性，可根据费用的性质分别采用采购材料的重量、体积、买价等作为分配标准，先计算出分配率（即每一个分配标准单位负担的共同采购费用），然后以各个分配对象的分配标准数乘分配率计算应分摊的共同性费用。

【例4-18】　6月6日企业购进甲、乙两种材料，其中甲材料2 000千克，单价100元，价款200 000元，增值税进项税额34 000元，乙材料4 000千克，单价25元，价款100 000元，增值税进项税额17 000元。另外，甲材料、乙材料共同发生运输费30 000元，装卸费3 000元，上述全部款项均未支付。

企业外购材料发生的运输费、装卸费等采购费用应计入材料采购成本，但采购费常常不能分清受益对象，为了计算各种材料的采购总成本和单位成本，应在发生采购费用时先进行归集，然后根据材料的重量、体积或买价等标准，分配后再计入有关材料采购成本。

甲、乙材料共同发生33 000元的材料采购费用，若以材料的重量为标准进行分配，则：

每千克材料应负担的材料采购费用（采购费用分配率）＝采购费用总额/分配标准＝33 000元/（2 000千克＋4 000千克）＝5.5元/千克

甲材料应负担的采购费用＝甲材料的重量×采购费用分配率＝2 000千克×5.5元/千克＝11 000元

乙材料应负担的采购费用＝乙材料的重量×采购费用分配率＝4 000千克×5.5元/千克＝22 000元

甲乙两种材料的采购成本如下：

甲材料采购成本＝甲材料买价＋甲材料采购费用＝200 000＋11 000＝211 000（元）

乙材料采购成本＝乙材料买价＋乙材料采购费用＝100 000＋22 000＝122 000（元）

这一经济业务的发生，企业材料采购成本增加333 000元，应交增值税进项税额增加51 000元，同时企业应付账款增加384 000元。材料采购成本增加应借记"材料采购"账户，进项税额增加应借记"应交税费——应交增值税（进项税额）"账户，应付账款增加应贷记"应付账款"账户。因此，应编制如下会计分录：

借：材料采购——甲材料　　　　　211 000

　　　　　——乙材料　　　　　122 000

　　应交税费——应交增值税（进项税额）51 000

　　贷：应付账款　　　　　　　　384 000

【例4-19】　6月12日，企业以银行存款预付购买丙材料款项11 000元。

这一经济业务的发生，一方面使企业预付账款增加11 000元，另一方面使企业银行存款减少 11 000 元。预付账款增加应借记"预付账款"账户;银行存款减少应贷记"银行存款"账户。因此,应编制如下会计分录:

借:预付账款　　　　　11 000
　　贷:银行存款　　　　　　　11 000

【例 4-20】　6 月 18 日,企业收到已预付账款的丙材料,其中丙材料的买价 20 000 元,进项税额 3 400 元,预付不足款项用银行存款支付。

这一经济业务的发生,一方面使企业材料采购成本增加 20 000 元,增值税进项税额增加 3 400 元,另一方面还使预付账款减少 11 000 元,银行存款减少 12 400 元。材料采购成本增加应借记为"材料采购"账户,增值税进项税增加应借记"应交税费——应交增值税(进项税额)"账户;预付账款减少应贷记"预付账款"账户,银行存款减少应贷记"银行存款"账户。因此,编制如下会计分录:

借:材料采购——丙材料　　　　　　　　　20 000
　　应交税费——应交增值税(进项税额)　　　3 400
　　贷:预付账款　　　　　　　　　　　　　　　11 000
　　　　银行存款　　　　　　　　　　　　　　　12 400

【例 4-21】　企业 6 月购入原材料均已验收入库,6 月 30 日结转其实际采购成本 353 000元。

这一经济业务的发生,一方面因月末结转材料采购成本而使材料采购减少 353 000 元,另一方面还使企业原材料这一资产增加 353 000 元。结转材料采购成本应贷记"材料采购"账户;原材料增加应借记"原材料"账户。因此,应编制如下会计分录:

借:原材料——甲　　　211 000
　　　　　　——乙　　　122 000
　　　　　　——丙　　　 20 000
　　贷:材料采购——甲　　　211 000
　　　　　　　　　——乙　　　122 000
　　　　　　　　　——丙　　　 20 000

4.4　产品生产业务核算和生产成本计算

➤ 4.4.1　产品生产成本计算的内容和要求

1.成本计算的内容和程序

成本计算是会计核算的方法之一,它是把企业的供应、生产和销售过程中所发生的各种费用,按照各种不同的对象进行归集和分配,借以确定各对象的总成本和单位成本的一种专门方法。

在企业生产经营的各个阶段中,成本计算和生产费用核算是同时进行的。各种成本费用发生后,需按各种成本对象在有关账户中进行归集、分配和登记,然后计算出各对象的总成本和单位成本。成本计算的内容和程序主要有以下几个方面:

(1)确定成本计算对象。

成本计算对象即产生费用归属的对象。在进行成本计算时,首先要确定成本对象,才能按成本计算对象归集相关费用,计算各种成本计算对象的成本。

一般地说,成本计算的对象为成本费用的受益物。例如在供应过程中,为采购各种材料所发生的费用,应以各种材料为成本计算对象进行归集、分配并计算各种材料的采购成本;在生产过程中,为生产各种产品所发生的各种生产费用,应以各种产品为成本计算对象进行归集、分配并计算各种产品的生产成本。

(2)确定成本计算期。

成本计算期是指多少时间计算一次成本。一般地说,成本计算期应与产品的生产周期相一致,但这要取决于产品生产及企业组织的特点。如是单件小批量生产,那就应以产品的生产周期为成本计算期,如是反复不断地大量生产同一种产品或几种产品,那就应以会计期为成本计算期。

(3)确定成本项目。

成本项目是各种生产费用按其经济用途的分类。企业在进行成本计算时,必须确定成本项目,通过成本项目的分析可以了解成本的经济构成,查明成本升降的原因以便挖掘降低成本的潜力。成本项目必须按照国家财政部门和上级部门制定的成本计算规程的有关规定并结合单位具体情况加以确定。如产品生产成本项目一般分为直接材料、直接人工、制造费用等项目。

(4)准确归集和分配各种费用。

成本计算的过程,实际上是费用按一定成本对象进行归集和分配的过程。只同某一个成本计算对象有关的费用称为直接费用,应直接计入该成本计算对象。同几个成本计算对象有关的费用称为间接费用,应按一定的标准在几个成本计算对象之间进行分配后,才能计入有关成本计算对象。分配间接费用的标准对成本计算的正确性影响很大,因此对费用分配标准的选用必须慎重,一经选定,不能随意变动,以保持各期成本计算口径的一致性。

(5)健全成本计算原始记录。

各个成本计算对象的成本,是要通过有关费用、成本的明细分类核算完成的。因此对供应过程中材料的买价和采购费用,生产过程中材料耗用、工时消耗、生产费用分配、产品入库等都要有健全的原始记录,据以进行费用、成本的明细分类核算,取得必要的成本计算资料,以准确计算成本。

2. 成本计算的基本要求

成本计算过程也就是费用的归集和分配过程,要计算产品的总成本和单位成本,必须准确归集和分配各种费用。一般要求做到以下三点:

(1)严格遵守成本开支范围。

会计法及相关细则统一规定了工业企业成本开支范围,哪些费用支出可以计入成本,哪些费用支出不可以计入成本,各企业必须遵守,以保持成本指标的真实性和计算口径的一致性。

(2)划清支出与费用、费用与成本的界限。

①支出与费用的界限。企业日常发生的支出,有些与产品的生产和销售有关,有些与产品的生产和销售无关,有的属于资本性支出,有的属于期间支出。不同的费用支出,其补偿的资金来源也是不同的。在进行成本计算时,凡是与产品生产有关,应从产品销售收入中得到补偿

的生产费用,才能计入产品成本;凡是与产品生产无关,而又不应从产品销售收入中得到补偿的其他各种支出,如购建固定资产、其他资产支出、罚款等营业外支出,均不能计入产品成本。

②费用与成本的界限。费用是按照一定会计期间汇集的资金耗费,而成本是以产品为对象进行归集的资金耗费。生产费用要按成本对象归集后才能形成成本。一般地说,生产费用和成本不一定相等。只有一定会计期间内发生的生产费用都已归属于该期的产品,该期的生产费用和成本才会相等。

(3)划清本期费用和下期费用的界限。

按照权责发生制原则的要求,凡是应属于本期成本的费用,不论款项是否付出,均应计入本期成本;凡不应属于本期成本的费用,即使款项已经付出,也不应计入本期成本。对于应属于本期但款项尚未付出的成本费用,应采用预提的方式计入本期成本费用;对于不属于本期但款项已经付出的成本费用,则应采用待摊的方式在以后的受益期分期计入成本费用。此外,遵循重要性原则,从简化会计核算工作出发,对于某些受益期限超过一个会计期但数额较小的费用支出,可以采用简化的方式处理,一次全部计入当期费用,如一次领用少量低值易耗品等。

➤ 4.4.2 产品生产业务核算的内容及账户设置

生产过程是工业企业经营过程的主要内容,也是会计核算的核心业务,其主要工作是人们利用劳动资料对劳动对象进行加工,把劳动对象制造成产品。这一过程既是产品的生产过程,又是劳动的耗费过程。它既耗费活劳动,又耗费物化劳动。

工业企业生产过程的主要经济业务是归集生产过程中发生的各种耗费,并分配或结转到每一种产品中去。在生产过程中所发生的各种耗费称为生产费用,分为直接费用和间接费用两类。直接费用是在产品生产上直接发生的各种耗费,包括直接材料、直接人工和其他直接费用,应直接计入产品生产成本。间接费用是为组织和管理产品生产而发生的各种耗费,如车间领用的消耗性材料、车间管理人员工资及福利费、车间办公水电费、固定资产折旧等,通常叫做制造费用,应于期末分配后计入各种产品的生产成本。

为了核算生产业务,应设置"生产成本""制造费用""应付职工薪酬""累计折旧""库存商品"等账户。

"生产成本"账户属于成本类账户,用来核算企业在生产产品或提供劳务过程中所发生的一切生产费用,并据以确定产品生产成本的账户。该账户借方发生额登记月内发生的全部生产费用,包括直接材料、直接人工等直接费用和制造费用等间接费用,贷方发生额登记月末结转已完工产品的实际成本;期末如有余额在借方,反映尚未完工的在产品实际生产成本。该账户应按产品的品种和规格设置明细账。

"制造费用"账户属于成本类账户,是用来归集和分配企业为生产产品和提供劳务而发生的各种间接费用,如车间管理人员工资、福利费,生产用固定资产折旧费、维修费、办公费、水电费、机物料消耗等。该账户借方发生额登记月内发生的各种制造费用,贷方发生额登记月末分配结转应由各种产品负担的制造费用;由于本期发生的制造费用月末均应分配结转到各种产品成本中去,因此期末一般没有余额。该账户应按不同车间、部门或费用项目设置明细分类账。

"应付职工薪酬"账户属于负债类账户,是企业根据有关规定应付给职工的各种薪酬,该账户贷方发生额登记企业实际发生的应支付给职工的工资总数,借方发生额登记企业实际支付的工资总数;期末如有余额可能在借方,也可能在贷方,反映企业分配的工资总数与实际支付的工资总数之间在时间上存在的差额。本科目按照"工资,奖金,津贴,补贴""职工福利""社会保险费""住房公积金""工会经费""职工教育经费""解除职工劳动关系补偿""非货币性福利""其他与获得职工提供的服务相关的支出"等应付职工薪酬项目进行明细核算。

"库存商品"账户属于资产类账户,用来核算库存的自制生产产品等增减变动及其结存情况。库存商品是指企业已经完成全部生产过程并已验收合格入库,可对外销售或按照合同规定的条件送交订货单位的产品。该账户借方发生额登记已完工验收入库产品的实际生产成本(即制造成本),贷方发生额登记发出各种产品的实际生产成本;期末余额在借方,反映尚未销售的库存产品的实际生产成本。该账户应按产成品的品种、规格或类别设置明细分类账户。

4.4.3　产品生产业务的账务处理

【例 4 - 22】　3 月 10 日企业生产领用甲材料 1 500 千克,单位成本 98 元,共计 147 000 元,其中:生产 A 产品领用 100 000 元,成产 B 产品领用 47 000 元。

这项经济业务,一方面使企业生产成本增加 147 000 元,另一方面还使企业原材料这项资产减少 147 000 元。生产成本增加应借记"生产成本"账户,原材料减少应贷记"原材料"账户。因此,应编制如下会计分录:

借:生产成本——A 产品　　　　100 000

　　　　——B 产品　　　　 47 000

　　贷:原材料——甲材料　　　　　　147 000

【例 4 - 23】　3 月 16 日生产车间及厂部管理部门领用乙材料 1 000 千克,单位成本 25 元,共计 25 000 元,其中生产车间一般性消耗使用 600 千克,厂部管理部门使用 400 千克。

这项经济业务,一方面使间接费用即制造费用增加 15 000 元(600 千克×25 元/千克)和管理费用增加 10 000 元(400 千克×25 元/千克),同时还使企业原材料这项资产减少 25 000 元。制造费用和管理费用的增加应借记"制造费用"账户和"管理费用"账户,原材料的减少应贷记"原材料"账户。因此,应编制如下会计分录:

借:制造费用　　　　　　　　15 000

　管理费用　　　　　　　　10 000

　　贷:原材料——乙材料　　　　25 000

【例 4 - 24】　3 月 18 日,企业以银行存款预付原材料及产成品仓库六个月租金 3 000 元。

这项经济业务,使企业管理费用这项资产增加 3 000 元,应借记"管理费用"账户,同时银行存款减少,应贷记"银行存款"账户。因此,应编制如下会计分录:

借:管理费用　　　　　　　　3 000

　　贷:银行存款　　　　　　　　3 000

【例 4 - 25】　3 月 20 日,企业以银行存款支付车间办公费 2 000 元。

这一经济业务,一方面使企业制造费用增加 2 000 元,另一方面也使企业银行存款这项资产减少 2 000 元。制造费用增加应借记"制造费用"账户,银行存款减少应贷记"银行存款"账户。因此,应编制如下会计分录:

借:制造费用　　　　　　　　2 000

　　贷:银行存款　　　　　　　　2 000

【例4-26】 3月25日,企业从银行提取现金200 000元备发工资。

这项经济业务,一方面使企业现金这一资产增加200 000元,同时还使企业银行存款这一资产减少200 000元。现金增加应借记"库存现金"账户,银行存款减少应贷记"银行存款"账户。因此,应编制如下会计分录:

借:库存现金　　　　　　　　　200 000
　贷:银行存款　　　　　　　　　　　200 000

【例4-27】 3月26日,企业用现金200 000元发放工资。

这项经济业务,一方面使应付职工薪酬这项负债减少200 000元,同时现金也减少200 000元。应付职工薪酬这项负债减少,应借记"应付职工薪酬"账户,而现金这项资产减少,应贷记"库存现金"账户。因此,应编制如下会计分录:

借:应付职工薪酬——工资　　　　200 000
　贷:库存现金　　　　　　　　　　　200 000

【例4-28】 3月31日分配本月应付职工工资总额200 000元。其中:生产A产品工人工资100 000元,生产B产品工人工资60 000元,车间管理人员工资10 000元,行政管理人员工资30 000元。

这项经济业务,一方面使应付职工薪酬这项负债增加200 000元,另一方面使企业工资费用增加200 000元,其中,生产工人工资属于直接生产费用,应直接借记"生产成本"账户,车间管理人员工资属于间接生产费用,应借记"制造费用"账户,行政管理人员工资属于不能计入成本的期间费用,应借记"管理费用"账户,应付职工薪酬这项负债增加,应贷记"应付职工薪酬"账户。因此,应编制如下会计分录:

借:生产成本——A产品　　　　　100 000
　　　　　　——B产品　　　　　　60 000
　制造费用　　　　　　　　　　　10 000
　管理费用　　　　　　　　　　　30 000
　贷:应付职工薪酬——工资　　　　　200 000

【例4-29】 3月31日按本月应付职工薪酬总额200 000元的14%计提职工福利费。

这项经济业务,一方面使企业应付职工薪酬——福利费这项负债增加28 000(200 000×14%)元,同时使企业福利费增加28 000元,其中,按生产工人工资计提的福利费22 400元(160 000×14%)属于直接费用,应直接借记"生产成本"账户,按车间管理人员工资计提的福利费1 400元(10 000×14%)属于间接生产费用,应借记"制造费用"账户,按管理人员工资计提福利费4 200(30 000×14%),属于期间费用,应借记"管理费用"账户,应付职工薪酬——福利费这项负债增加,应贷记"应付职工薪酬——福利费"账户。因此,应编制如下会计分录:

借:生产成本——A产品　　　　　14 000
　　　　　　——B产品　　　　　　8 400
　制造费用　　　　　　　　　　　1 400
　管理费用　　　　　　　　　　　4 200
　贷:应付职工薪酬——福利费　　　　28 000

【例4-30】 3月31日计提本月固定资产折旧费用62 000元。其中生产车间固定资产折旧费用42 000元,行政管理部门固定资产折旧费用20 000元。

固定资产的价值在使用过程中会逐渐转移到新产品中去,固定资产由于磨损而逐渐减少的价值称为固定资产折旧,其货币表现为折旧费。这一经济业务的发生,一方面使折旧费用增加 62 000 元。其中,生产车间固定资产折旧费用增加 42 000 元,由于不能直接确定计入哪一种产品,属于间接生产费用,故应借记"制造费用"账户;行政管理部门固定资产折旧增加 20 000 元,属于不能计入产品成本的期间费用,应借记"管理费用"账户。另一方面计提固定资产折旧,使累计折旧增加,应贷记"累计折旧"账户。因此,应编制如下会计分录:

借:制造费用　　　　　　　42 000
　管理费用　　　　　　　　20 000
　贷:累计折旧　　　　　　　　　　62 000

➤ 4.4.4　产品生产成本的计算和结转

1.产品生产成本的构成内容

产品生产成本的构成内容主要包括:

(1)直接材料费用:企业产品生产过程中直接消耗的材料、辅助材料、设备配件、外购半成品、燃料、动力、包装物、低值易耗品以及电力、蒸汽等动力。

(2)直接人工费用:指直接从事产品生产人员的工资、奖金、津贴和补贴以及他们的职工福利费。

(3)制造费用:指车间为组织和管理产品生产而发生的各种间接费用,如车间管理人员和技术人员的工资及福利费、车间固定资产的折旧费和修理费、办公费、水电费、劳动保护费、季节性及修理期间的停工损失等。

(1)、(2)项属于直接费用,(3)项属于间接费用。生产过程中发生的直接费用和间接费用都要按照一定的成本计算对象进行归集和分配,以确定每个成本计算对象的总成本和单位成本。由于直接费用能够确定成本计算对象,因此只需直接计入"生产成本"账户,但间接费用无法明确受益对象,因此,发生时在"制造费用"账户进行归集,待月末按一定分配方法计算分配后转入生产成本。

2.产品生产成本的计算及账务处理

【例 4-31】　3 月 31 日,企业将本月发生的制造费用 70 400 元分配结转到 A 产品、B 产品的生产成本中。

以本月经济业务为例,本月发生 70 400 元的制造费用,用于生产 A 产品和 B 产品,若以生产工人工资为标准进行分配,则:

单位工资应负担的制造费用(即制造费用分配率)=制造费用/分配标准=70 400 元/(100 000 元+60 000 元)=0.44

A 产品应负担的制造费用=0.44×100 000=44 000(元)

B 产品应负担的制造费用=0.44×60 000=26 400(元)

这一经济业务的发生,一方面结转本期发生的制造费用,应贷记"制造费用"账户;另一方面使企业生产成本增加,应借记"生产成本"账户。因此,应编制如下会计分录:

借:生产成本——A 产品　　　44 000
　　　　　　——B 产品　　　26 400
　贷:制造费用　　　　　　　　　　70 400

【例 4 - 32】 3 月 31 日,结转本月已完工验收入库产品成本。

完工产品成本中直接材料费用和直接人工费用已在发生时直接计入了各种产品生产成本明细分类账户,制造费用也于期末分配计入了各种产品生产成本明细分类账户,这样,就可以根据生产成本明细账计算各种产品的生产成本。以本月生产业务为例,设月初无在产品,本月投产 A 产品和 B 产品全部完工入库,其成本计算如下:

A 产品生产成本＝A 产品领用的直接材料费用＋A 产品生产工人工资费用＋A 产品生产工人福利费＋A 产品分配的制造费用＝100 000＋100 000＋14 000＋44 000＝25 8000(元)

B 产品生产成本＝B 产品领用的直接材料费用＋B 产品生产工人工资费用＋B 产品生产工人福利费＋B 产品分配的制造费用＝47 000＋60 000＋8 400＋26 400＝141 800(元)

这项经济业务一方面因月末企业结转完工验收入库产品成本而使生产成本减少 399 800 元,应贷记"生产成本"账户,另一方面使库存商品产品增加,应借记"库存商品"账户。因此,应编制如下会计分录:

```
借:库存商品——A 产品        258 000
        ——B 产品        141 800
  贷:生产成本——A 产品        258 000
        ——B 产品        141 800
```

4.5 产品销售业务核算和销售成本计算

➤ 4.5.1 产品销售业务核算的基本内容及账户设置

销售过程是工业企业出售产品或劳务,按售价取得销售收入的过程,它是企业主要经营过程的最后一个阶段。在市场经济条件下,销售过程有着特别重要的意义。

销售过程中企业将生产出来的产品发送给购货单位,以满足购货单位的需求,另一方面按销售价格办理结算,收回销货款,收回货币资金或其等价物,以补偿在产品生产上的资金耗费,保证再生产过程的正常运行,这是资金周转最重要的一个过程。企业核算销售业务,应设置"主营业务收入""主营业务成本""销售费用""营业税金及附加""应收账款""预收账款""应收票据""其他业务收入""其他业务支出"等账户。

"主营业务收入"账户属于损益类账户中的收入账户,用来核算企业因销售产品而确认的收入,包括销售产成品、自制半成品以及提供加工、修理修配等工业性劳务等所发生的收入。该账户贷方发生额登记实现的主营业务收入,借方发生额登记销售退回、销售折扣和折让及其月末结转到"本年利润"账户的主营业务收入净额(全部主营业务收入减退货等)。由于期末时已将本期发生的主营业务收入净额全部结转到"本年利润"账户,因此,该账户期末没有余额。为了核算每种已销售产品的销售收入,需要按产品类别设置明细分类账户。

"主营业务成本"账户属于损益类账户中的费用账户,用来核算企业销售产成品、自制半成品以及提供工业性劳务的实际成本。该账户借方发生额登记已售产品的实际成本,贷方发生额登记退回已售产品的实际成本及其月末结转到"本年利润"账户的主营业务成本净额(全部产品销售成本减退回产品的成本)。由于期末时已将本期发生的主营业务成本净额全部结转到"本年利润"账户,因此,该账户期末没有余额。该账户也应按产品类别设置明细分类账户。

"销售费用"账户属于损益类账户中的费用账户,用来核算企业在销售产品过程中发生的各种销售费用,包括包装费、运输费、广告费、装卸费、保险费、展览费以及专设销售机构的经常费用(职工工资、福利费、固定资产折旧费等)。该账户借方发生额登记企业为销售产品而发生的费用,贷方发生额登记月末结转到"本年利润"账户的全部产品销售费用,由于期末时已将本期发生的产品销售费用全部结转到"本年利润"账户,因此,该账户期末没有余额。该账户应按费用项目设置明细分类账户。

"营业税金及附加"账户属于损益类账户中的费用账户,用来核算企业应由已销售产品和提供工业性劳务等负担的销售税金及附加费用,包括除增值税以外的消费税、营业税、城市维护建设税和教育附加费等。该账户借方发生额登记企业已销售产品和提供工业性劳务等应负担的销售税金及附加,贷方发生额登记因退货而减少的有关税金和月末结转到"本年利润"账户的产品销售税金及附加净额。由于期末时将本期发生的产品销售税金及附加净额已结转到"本年利润"账户,因此,该账户期末没有余额。该账户应按产品类别设置明细分类账户。

"应收账款"账户属于资产类账户,用来核算企业销售产品和提供劳务等而与购货单位发生的结算债权增减变动的数额。该账户借方发生额登记应向购货单位收取的销售产品和提供劳务的款项,贷方发生额登记因收回或发生坏账而结转出的应收账款;期末有余额一般在借方,反映月末尚未收回的应收账款。该账户应按欠款单位设置明细分类账户。

"预收账款"账户属于负债类账户,用来核算企业销售产品根据合同规定向购货单位预先收取的货款,并在发货后进行结算。该账户贷方发生额登记企业根据合同规定向购货单位预先收取的货款,借方发生额登记企业发货后与购货单位结算而减少的预收账款;期末余额一般在贷方,反映企业已预收而尚未发货的债务结存数额。该账户应按购买单位设置明细分类账户。

➤ 4.5.2　产品销售业务的账务处理

销售业务主要是企业向购货单位销售产成品,确认销售收入,取得货款,支付各种销售费用,及时结转已售产品成本,按国家税法有关规定计算应缴纳的销售税金及附加费。

【例 4-33】　6 月 6 日企业销售 A 产品 250 件,单价 1 000 元,售价 250 000 元,增值税销项税额 42 500 元,共计 292 500 元,全部收到存入银行。

这项经济业务的发生,引起资产、负债和收入三项会计要素发生变化。即企业银行存款这一资产增加 292 500 元,同时企业应交增值税这一负债增加 42 500 元,此外,还使企业销售收入增加 250 000 元。银行存款这一资产增加,应借记"银行存款"账户;应交增值税这一负债增加,应贷记"应交税费——应交增值税(销项税额)"账户;销售收入增加,应贷记"主营业务收入"账户。因此,应编制如下会计分录:

借:银行存款　　　　　　　　　　　　　292 500
　贷:主营业务收入　　　　　　　　　　　250 000
　　应交税费——应交增值税(销项税额)　　42 500

【例 4-34】　6 月 13 日企业销售 B 产品 500 台,单价 5 000 元,售价 2 500 000 元,增值税销项税额 425 000 元,共计 2 925 000 元,款项尚未收到。

这项经济业务的发生,引起资产、负债和收入三项会计要素发生变化。一方面企业应收账款这一资产增加 2 925 000 元,同时企业应交税费——应交增值税这一负债增加 425 000 元,此外,还使企业销售收入增加 2 500 000 元。因此,应借记"应收账款"账户,贷记"应交税费——应交增值税(销项税额)"账户,贷记"主营业务收入"账户。因此,应编制如下会计分录:

```
借:应收账款                    2 925 000
  贷:主营业务收入                    2 500 000
     应交税费——应交增值税(销项税额)      425 000
```

【例 4-35】 6 月 15 日企业以银行存款支付销售产品的运杂费 15 000 元。

这项经济业务使企业产品销售费用增加 15 000 元,同时使企业银行存款这项资产减少 15 000元。产品销售费用增加,应借记"销售费用"账户;银行存款这项资产减少,应贷记"银行存款"账户。因此,应编制如下会计分录:

```
借:销售费用        15 000
  贷:银行存款          15 000
```

【例 4-36】 6 月 18 日,根据合同规定,企业预收某单位购买丙产品的款项 70 200 元,存入银行。

这项经济业务使企业银行存款这项资产增加 70 200 元,同时使企业预收账款这项负债增加 70 200 元。银行存款这一资产增加,应借记"银行存款"账户;预收账款这一负债增加,应贷记"预收账款"。因此,应编制如下会计分录:

```
借:银行存款        70 200
  贷:预收账款          70 200
```

【例 4-37】 6 月 25 日,根据合同,企业发出已预收账款的丙产品,其中丙产品价款为 60 000元,销项税额 10 200 元。

这项经济业务使企业预收账款这项负债减少 70 200 元,应交税费——应交增值税这一负债增加 10 200 元,同时企业销售收入增加 60 000 元。预收账款这一负债减少,应借记"预收账款"账户;应交增值税这一负债增加,应贷记"应交税费——应交增值税(销项税额)"账户;销售收入增加,应贷记"主营业务收入"账户。因此,应编制如下会计分录:

```
借:预收账款                    70 200
  贷:主营业务收入                    60 000
     应交税费——应交增值税(销项税额)   10 200
```

【例 4-38】 6 月 30 日企业按产品销售收入的 7% 计算城市维护建设税 196 700 元 (2 810 000×7%)。

这项经济业务表明企业因实现产品销售收入而应负担的产品销售税金及附加增加 196 700元,同时企业应交税费这项负债增加 196 700 元。产品销售税金增加应借记"营业税金及附加"账户;应交税费增加,应贷记"应交税费"账户。因此,应编制如下会计分录:

```
借:营业税金及附加              196 700
  贷:应交税费                    196 700
```

【例 4-39】 计算已销售 A 产品应缴纳的消费税,按销售收入 250 000 的 10% 计算,税金为 25 000 元。

这笔经济业务的发生,表明企业增加税金支出 25 000 元,应由销售产品负担,计入"营业税金及附加"账户的借方;另一方面,因为税金尚未缴纳,属于企业负债增加,按照税金核算原则,应计入"应交税费"账户的贷方。因此,应编制如下会计分录:

借：营业税金及附加　　　　　　　　　25 000
　　贷：应交税费——应交消费税　　　　　　　25 000

➤ 4.5.3　产品销售成本的计算和结转

企业在销售过程中，将制造的产成品销售出去，确认销售收入的同时，要付出相应的代价，即为制造这些产品耗费材料、人工等过程的生产成本，企业应依据直接配比方式，将销售一定数量产品的生产成本与该产品的销售收入配比，计算结转已销售产品的成本。

产品销售成本即已售产品的生产成本，可采用加权平均法、先进先出法或后进先出法计算确定，并按期结转。

【例4－40】　6月30日，企业结转本月已销售产品的生产成本1 826 500元。

月末企业结转已售产品销售成本而使产品销售成本增加1 826 500元，同时企业产成品这一资产减少1 826 500元。产品销售成本增加，应借记"主营业务成本"账户；产成品减少，应贷记"库存商品"账户。因此，应编制如下会计分录：

借：主营业务成本　　　　　　　　　1 826 500
　　贷：库存商品　　　　　　　　　　　　1 826 500

4.6　利润形成和分配的核算

➤ 4.6.1　利润的构成内容和计算方法

利润是企业在一定时期生产经营活动的最终财务结果，是将一定时期内的各项收入与各项费用支出相抵之后形成的经营成果。它是反映企业工作质量的一项综合指标，是评价企业经济效益优劣的重要标志。它包括营业利润、主营业务利润、其他业务利润、利润总额、净利润等指标。

利润的构成及其计算过程可用以下关系式来表示：

净利润 ＝ 利润总额 － 所得税费用

利润总额 ＝ 营业利润 ＋ 营业外收支净额 ＋ 投资净损益

营业利润 ＝ 主营业务利润 ＋ 其他业务利润 － 财务费用 － 管理费用 － 销售费用

主营业务利润 ＝ 主营业务收入 － 主营业务成本 － 营业税金及附加

其他业务利润 ＝ 其他业务收入 － 其他业务支出

营业外收支净额 ＝ 营业外收入 － 营业外支出

投资净损益 ＝ 投资收益 － 投资损失

所得税费用 ＝ 利润总额 × 所得税费用税率

营业外收入是指与企业生产经营没有直接关系的各种收入，包括固定资产盘盈收益、固定资产清理净收益、无法支付的应付款项等。营业外支出是指与企业生产经营没有直接关系的各种支出，包括固定资产盘亏损失、固定资产清理净损失、非常损失等。

所得税费用就是企业缴纳的一种税，只要企业有所得就要按照税法的规定缴纳所得税费用。所得税费用是企业负担的，具有强制性、无偿性的特点，因此，应视为一种费用。

➤ 4.6.2 利润形成的核算及账务处理

1. 利润形成的核算内容及账户设置

利润是企业在期末计算的一定时期内生产经营活动的最终成果,即各项收入与各项费用支出相抵之后形成的经营成果。为此,企业一方面要将已实现的收入从"主营业务收入""其他业务收入""投资收益""营业外收入"等收入类账户的借方转出;另一方面将已发生的成本、费用损失从"主营业务成本""销售费用""营业税金及附加""管理费用""财务费用""其他业务支出""营业外支出""所得税费用"等支出类账户的贷方转出,为此,企业应设置"本年利润""营业外收入""营业外支出""投资收益"等账户。

"本年利润"账户属于所有者权益类账户,是用来核算企业在本年实现的利润(或亏损)总额的账户。该账户平时没有发生额,到月末为了计算本期经营成果,贷方登记转入的收入,包括转入的"主营业务收入""其他业务收入""投资收益""营业外收入"等收入类账户的贷方余额;借方登记转入的费用损失,包括转入的"主营业务成本""销售费用""营业税金及附加""管理费用""财务费用""其他业务支出""营业外支出""所得税费用"等支出类账户的借方余额。"本年利润"账户中的收入与支出相抵,如收入大于支出,为贷方余额,表示净利润;如收入小于支出,为借方余额,表示亏损总额。年末,企业应将净利润或亏损总额从本账户转到"利润分配"账户,因此,该账户期末没有余额。

"营业外收入"账户属于损益类账户中的收入账户,用来核算与企业生产经营活动没有直接关系的各项收入。该账户贷方本期发生额登记已确认的营业外收入,包括固定资产盘盈收益、固定资产清理净收益、无法支付的应付款项、教育费附加返还款等;借方本期发生额登记于期末转入"本年利润"账户贷方的数额;由于期末时将本期确认的营业外收入已结转到"本年利润"账户,因此,期末结账后该账户无余额。

"营业外支出"账户属于损益类账户中的费用支出账户。它是用来核算与企业生产经营没有直接关系的各项支出的账户。该账户借方本期发生额登记确认的营业外支出,包括固定资产盘亏损失、固定资产清理净损失、非常损失、非正常停工损失等;贷方本期发生额登记于期末转入"本年利润"账户借方的数额;由于期末时将本期确认的营业外支出已结转到"本年利润"账户,因此,期末结账后该账户无余额。

"投资收益"账户属于损益类账户中的收入账户,用来核算企业对外投资确认的收益或发生的损失。该账户贷方本期发生额登记企业已确认的投资收益,包括转让、出售债券或股票所获得的收益等以及于期末转入"本年利润"账户借方的投资净损失;借方本期发生额登记企业发生的投资损失以及于期末转入"本年利润"账户贷方的投资净收益数额;由于期末时将本期确认的投资净收益或投资净损失已结转到"本年利润"账户,因此,期末结账后该账户应无余额。

"所得税费用"账户属于损益类账户中的费用账户,用来核算企业按规定从本期损益中扣除的所得税费用。企业所得税的税率即据以计算企业所得税应纳税额的法定比率。《中华人民共和国企业所得税法》规定一般企业所得税的税率为25%。符合条件的小型微利企业,减按20%的税率征收企业所得税。国家需要重点扶持的高新技术企业,按15%的税率征收企业所得税。"所得税费用"账户借方发生额登记按应纳税所得额和所得税税率计算的所得税费用。应纳税所得额是税务机关根据税法规定确定计算所得税费用的基础,一般由企业税前利润总额按规定调整后确定。贷方发生额登记于期末转入"本年利润"账户借方的所得税费用数额。由于期末时将本期确认的所得税费用已结转到"本年利润"账户,因此,期末结账后该账户无余额。

2.差旅费的核算及账务处理

差旅费是行政事业单位和企业的一项重要的经常性支出项目,主要包括因公出差期间所产生的交通费、住宿费和公杂费等各项费用。差旅费核算的内容包括用于出差旅途中的费用支出,包括购买车、船、火车、飞机的票费以及住宿费、伙食补助费及其他方面的支出。企业在核算过程中分两种情况,一种情况是出差前没有向企业借款,账务处理时可以直接报销;另一种情况是出差前向企业借款,这就要涉及"其他应收款"这个账户。

"其他应收款"账户用于核算企业除应收票据、应收账款、预付账款等以外的其他各种应收、暂付款项。在"其他应收款"账户下,应按其他应收款的项目分类,并按不同的债务人设置明细账。

【例4-41】 6月20日,张三出差时没有向企业借钱,回来报销差旅费3 000元,经过审核,凭证合法合理。

这项经济业务,一方面使管理费用增加了3 000元,计入借方;另一方面使企业需要补付张三现金3 000元,计入"库存现金"的贷方。这项业务应编制如下会计分录:

借:管理费用——差旅费　　　　3 000
　　贷:库存现金　　　　　　　　　3 000

【例4-42】 6月21日,李四出差前向企业借入现金3 000元。

这项经济业务,一方面使其他应收款账户增加了3 000元,计入借方;另一方面使企业现金减少3 000元,计入贷方。这项业务应编制如下会计分录:

借:其他应收款——李四　　　　3 000
　　贷:库存现金　　　　　　　　　3 000

【例4-43】 第一种情况,6月25日,李四出差回来报销,所借款项全部花完,经过审核,凭证合法合理。

这项经济业务,一方面使管理费用增加了3 000元,计入借方;另一方面使企业其他应收款减少3 000元,计入贷方。这项业务应编制如下会计分录:

借:管理费用——差旅费　　　　3 000
　　贷:其他应收款——李四　　　　　3 000

【例4-44】 第二种情况,6月25日,李四出差回来报销,所借款项未全部花完,剩余现金300元交回企业,经过审核,凭证合法合理。

这项经济业务,一方面使管理费用增加了2 700元,现金增加了300元,计入借方;另一方面使企业其他应收款减少3 000元,计入贷方。这项业务应编制如下会计分录:

借:管理费用——差旅费　　　　2 700
　　库存现金　　　　　　　　　300
　　贷:其他应收款——李四　　　　　3 000

【例4-45】 第三种情况,6月25日,李四出差回来报销,所借款项不仅全部花完,还自己垫资200元,经过审核,凭证合法合理。

这项经济业务,一方面使管理费用增加了3 200元,计入借方;另一方面使企业其他应收

款减少 3 000 元,现金减少了 200 元,计入贷方。这项业务应编制如下会计分录:

```
借:管理费用——差旅费        3 200
    贷:其他应收款——李四              3 000
        库存现金                        200
```

3.利润形成业务的账务处理

【例 4-46】 6 月 28 日,企业在财产清查中发现一笔长期无法支付的应付账款 3 000 元,经批准,作为营业外收入予以转账。

这项经济业务,一方面使应付账款减少了 3 000 元,另一方面使与正常生产经营无直接关系的营业外收入增加了 3 000 元,应付账款的减少属于负债的减少,计入“应付账款”账户的借方,营业外收入的增加是收入的增加,应计入“营业外收入”账户的贷方。这项业务应编制如下会计分录:

```
借:应付账款              3 000
    贷:营业外收入                  3 000
```

【例 4-47】 6 月 30 日,企业用银行存款支付违反经济合同的罚款 3 500 元。

这项经济业务使与正常生产经营无直接关系的营业外支出增加了 3 500 元,同时使银行存款减少了 3 500 元。营业外支出的增加是费用的增加,应计入“营业外支出”账户的借方,银行存款减少属于资产的减少,应计入“银行存款”账户的贷方。这项业务应编制如下会计分录:

```
借:营业外支出            3 500
    贷:银行存款                    3 500
```

【例 4-48】 6 月 30 日,按规定预提当月短期借款利息 2 000 元。

这项经济业务引起费用和资产两个要素发生变化,一方面属于财务费用的借款利息增加了 2 000 元,应计入“财务费用”账户的借方,另一方面应付利息负债增加了 2 000 元,应计入“应付利息”账户的贷方。这项业务应编制如下会计分录:

```
借:财务费用              2 000
    贷:应付利息                    2 000
```

【例 4-49】 6 月 30 日,企业收到联营利润 15 000 元,存入银行。

这项经济业务引起收入和资产两个要素发生变化。一方面投资收益增加了 15 000 元,另一方面银行存款增加了 15 000 元。银行存款增加属于资产的增加,应计入“银行存款”账户的借方,投资收益增加是收入的增加,应计入“投资收益”账户的贷方。这项业务应编制如下会计分录:

```
借:银行存款              15 000
    贷:投资收益                    15 000
```

【例 4-50】 6 月 30 日,企业销售一批不需用的材料(不考虑增值税),其账面成本 6 000 元,售价 8 000 元,款项收到,已存入银行。

企业销售不需用的材料实现了收入,引起收入和资产两个要素发生变化。一方面非主营业务的其他业务收入增加了 8 000 元,另一方面银行存款增加了 8 000 元。银行存款的增加属于资产的增加,应计入“银行存款”账户的借方,其他业务收入增加是收入的增加,应计入“其他业务收入”账户的贷方。这项业务应编制如下会计分录:

借：银行存款　　　　　　　　　8 000
　　贷：其他业务收入　　　　　　　　　8 000

企业在确认材料销售收入的同时，还需结转材料成本，引起费用和资产两个要素发生变化。即其他业务支出增加了 6 000 元，同时原材料减少了 6 000 元，其他业务支出的增加是费用的增加，应计入"其他业务支出"账户的借方，原材料减少属于资产的减少，应计入"原材料"账户的贷方。这项业务应编制如下会计分录：

借：其他业务支出　　　　　　　6 000
　　贷：原材料　　　　　　　　　　　　6 000

【例 4 - 51】　6 月 30 日，根据本月发生的经济业务，企业将各项收入从收入账户的借方转入"本年利润"账户的贷方。

这项经济业务引起收入和所有者权益两类要素发生变化。一方面结转主营业务收入 2 810 000 元，其他业务收入 8 000 元，投资收益 15 000 元及营业外收入 3 000 元，另一方面本年利润增加 2 836 000 元，月末结转本期实现的主营业务收入、其他业务收入、投资收益及营业外收入，应记"产品销售收入""其他业务收入""投资收益""营业外收入"等账户的借方，本年利润的增加是所有者权益的增加，应计入"本年利润"账户的贷方。这项业务应编制如下会计分录：

借：主营业务收入　　　　　　2 810 000
　　其他业务收入　　　　　　　　8 000
　　投资收益　　　　　　　　　　15 000
　　营业外收入　　　　　　　　　3 000
　　贷：本年利润　　　　　　　　　　2 836 000

【例 4 - 52】　6 月 30 日，根据本月发生的经济业务，企业为了计算盈亏，将各项费用损失从各种费用账户的贷方转入"本年利润"账户的借方。

这项经济业务引起费用和所有者权益两类要素发生变化，一方面结转主营业务成本 1 826 500 元、销售费用 15 000 元、营业税金及附加 221 700 元、管理费用 6 000 元（差旅费按第一种情况进行处理）、财务费用 2 000 元、其他业务支出 6 000 元、营业外支出 3 500 元，另一方面本年利润减少 2 080 700 元。本年利润的减少是所有者利益的减少，应计入"本年利润"账户的借方，"主营业务成本""销售费用""营业税金及附加""财务费用""其他业务支出""营业外支出"的减少属于费用的减少，应计入该类账户的贷方。这项业务应编制如下会计分录：

借：本年利润　　　　　　　　2 080 700
　　贷：主营业务成本　　　　　　　　1 826 500
　　　　销售费用　　　　　　　　　　15 000
　　　　营业税金及附加　　　　　　　221 700
　　　　管理费用　　　　　　　　　　6 000
　　　　财务费用　　　　　　　　　　2 000
　　　　其他业务支出　　　　　　　　6 000
　　　　营业外支出　　　　　　　　　3 500

根据"本年利润"账户记录，确定本年利润总额如下：

本年利润总额＝收入－费用＝2 836 000－2 080 700＝755 300（元）

【例 4-53】 6 月 30 日,按规定税率计算本月应交所得税费用。

应交所得税费用=利润总额×所得税费用税率=755 300×25%=188 825(元)

所得税费用是企业在有利润的情况下必须发生的一种费用,计算应交所得税费用时,引起费用和负债两个要素发生变化。一方面所得税费用增加了 188 825 元,另一方面应交税费增加了 188 825 元。所得税费用的增加是费用的增加,应计入"所得税费用"账户的借方,应交税费增加属于负债的增加,应计入"应交税费"账户的贷方。这项业务应编制如下会计分录:

    借:所得税费用   188 825
      贷:应交税费   188 825

【例 4-54】 6 月 30 日,企业将所得税费用从"所得税费用"账户的贷方转入"本年利润"账户的借方。

这项经济业务引起费用和所有者权益两类要素发生变化。一方面所得税费用结转了 188 825 元,另一方面本年利润减少 188 825 元。本年利润的减少是所有者权益的减少,应计入"本年利润"账户的借方,结转所得税费用应计入"所得税费用"账户的贷方。这项业务应编制如下会计分录:

    借:本年利润   188 825
      贷:所得税费用   188 825

企业 6 月份税后净利润=755 300-188 825=566 475(元)

➢ 4.6.3 利润分配的核算及账务处理

利润分配,是将企业实现的净利润按照国家财务制度规定的分配形式和分配顺序,在企业和投资者之间进行的分配。利润分配的过程与结果,是关系到所有者的合法权益能否得到保护,企业能否长期、稳定发展的重要问题,为此,企业必须加强利润分配的管理和核算。企业利润分配的主体是投资者和企业,利润分配的对象是企业实现的净利润;利润分配的时间即确认利润分配的时间是利润分配义务发生的时间和企业作出决定向内向外分配利润的时间。

1.利润分配的原则

(1)依法分配原则。

企业利润分配的对象是企业缴纳所得税费用后的净利润,这些利润是企业的权益,企业有权自主分配。国家有关法律、法规对企业利润分配的基本原则、一般次序和重大比例也作了较为明确的规定,其目的是为了保障企业利润分配的有序进行,维护企业和所有者、债权人以及职工的合法权益,促使企业增加积累,增强风险防范能力。国家有关利润分配的法律和法规主要有公司法、外商投资企业法等,企业在利润分配中必须切实执行上述法律、法规。利润分配在企业内部属于重大事项,企业的章程必须在不违背国家有关规定的前提下,对本企业利润分配的原则、方法、决策程序等内容作出具体而又明确的规定,企业在利润分配中也必须按规定办事。

(2)资本保全原则。

资本保全是责任有限的现代企业制度的基础性原则之一,企业在分配中不能侵蚀资本。利润的分配是对经营中资本增值额的分配,不是对资本金的返还。按照这一原则,一般情况下,企业如果存在尚未弥补的亏损,应首先弥补亏损,再进行其他分配。

(3)充分保护债权人利益原则。

按照风险承担的顺序及与债权人合同契约的规定,企业必须在利润分配之前偿清所有债权人到期的债务,否则不能进行利润分配。同时,在利润分配之后,企业还应保持一定的偿债能力,以免产生财务危机,危及企业生存。此外,企业在与债权人签订某些长期债务契约的情况下,其利润分配政策还应征得债权人的同意或审核方能执行。

(4)多方及长短期利益兼顾原则。

利益机制是制约机制的核心,而利润分配的合理与否是利益机制最终能否持续发挥作用的关键。利润分配涉及投资者、经营者、职工等多方面的利益,企业必须兼顾,并尽可能地保持稳定的利润分配。在企业获得稳定增长的利润后,应增加利润分配的数额或百分比。同时,由于发展及优化资本结构的需要,除依法必须留用的利润外,企业仍可以出于长远发展的考虑,合理留用利润。在积累与消费关系的处理上,企业应贯彻积累优先的原则,合理确定提取盈余公积金和分配给投资者利润的比例,使利润分配真正成为促进企业发展的有效手段。

2.利润分配的项目

按照《中华人民共和国公司法》的规定,公司利润分配的项目包括以下部分:

(1)法定盈余公积金。

法定盈余公积金从净利润中提取形成,用于弥补公司亏损、扩大公司生产经营或者转为公司资本。公司分配当年税后利润时,应当按照10%的比例提取法定盈余公积金;当法定盈余公积金累计额达到公司注册资本的50%时,可不再继续提取。任意盈余公积金的提取由股东会根据需要决定。

(2)股利(向投资者分配的利润)。

公司向股东(投资者)支付股利(分配利润),要在提取公积金之后。股利(利润)的分配应以各股东(投资者)持有股份(投资额)的数额为依据,每一股东(投资者)取得的股利(分得的利润)与其持有的股份数(投资额)成正比。股份有限公司原则上应从累计盈利中分派股利,无盈利不得支付股利,即所谓"无利不分"的原则。但若公司用公积金抵补亏损以后,为维护其股票信誉,经股东大会特别决议,也可用公积金支付股利。

中国证券监督管理委员会于 2008 年 10 月 9 日颁布实施的《关于修改上市公司现金分红若干规定的决定》强调了股利分配中现金分红的重要性,要求上市公司应当在章程中明确现金分红政策,利润分配政策应当保持连续性和稳定性。此外,作为上市公司申请公开增发或配股的重要前提条件,还强调公司最近三年以现金方式累计分配的利润不少于最近三年实现的年均可分配利润的 30%。

3.利润分配的顺序

利润分配的顺序根据《中华人民共和国公司法》等有关法律法规的规定,企业当年实现的净利润一般应按照下列内容、顺序和金额进行分配:

(1)计算可供分配的利润。

将本年净利润(或亏损)与年初未分配利润(或亏损)合并,计算出可供分配的利润。如果可供分配的利润为负数(即亏损),则不能进行后续分配;如果可供分配利润为正数(即本年累计盈利),则进行后续分配。

(2)提取法定盈余公积金。

在不存在年初累计亏损的前提下,法定盈余公积金按照税后净利润的 10% 提取。法定盈余公积金已达注册资本的 50% 时可不再提取。提取的法定盈余公积金可用于弥补以前年度亏损或转增资本金,但转增资本金后留存的法定盈余公积金不得低于注册资本的 25%。

（3）提取任意盈余公积金。

任意盈余公积金计提标准由股东大会确定，如确因需要，经股东大会同意后，也可用于分配。

（4）向股东（投资者）支付股利（分配利润）。

企业以前年度未分配的利润，可以并入本年度分配。公司股东会或董事会违反上述利润分配顺序，在抵补亏损和提取法定公积金之前向股东分配利润的，必须将违反规定发放的利润退还公司。

4. 利润分配的账务处理

企业交纳所得税费用后实现的净利润，要按有关规定进行分配。一方面按净利润的一定比例提取盈余公积金，另一方面按规定向投资者分配利润。

（1）利润分配核算的账户设置。

①"利润分配"账户。

"利润分配"账户属于所有者权益类账户，是核算企业本年利润分配（或亏损弥补）情况和历年利润分配（或弥补）后的结存余额情况的账户。企业如果有利润，"利润分配"账户借方本期发生额登记本年利润分配情况，包括计算企业应提留盈余公积金、计算应付投资者利润等。贷方本期一般无发生额，月末借方余额表示本年利润分配情况。年末时企业将全年实现的净利润从"本年利润"账户转入该账户贷方，根据年初未分配利润加上本年利润减去本年已分配的利润，即为年末未分配利润，即"利润分配"账户年末贷方余额，表示历年积存的未分配利润。

企业如果发生亏损，"利润分配"账户贷方本期发生额登记用盈余公积弥补亏损，借方本期一般无发生额，月末贷方余额表示已弥补的亏损。年末时企业将全年发生的亏损从"本年利润"账户转入该账户借方，根据年初未弥补亏损加上本年亏损减去本年已弥补亏损，即为年末未弥补亏损，即"利润分配"账户年末借方余额表示历年积存的未弥补亏损。

②"盈余公积"账户。

"盈余公积"账户属于所有者权益类账户，用于核算企业从税后利润中提取的盈余公积金。该账户贷方发生额登记从利润中提取的盈余公积金，借方发生额登记用盈余公积弥补亏损或转增资本的支出额；其贷方余额为已提取未使用的盈余公积结余额。

③"应付利润"账户。

"应付利润"账户属负债类账户，用来核算企业应付给投资者的利润。该账户贷方发生额登记企业按分配决议应付给投资者（包括国家、法人、个人、外商等投资者）的利润，借方发生额登记企业实际支付给投资人的利润；期末余额一般在贷方，也可能在借方。借方余额表示企业多支付的利润，贷方余额表示未支付的利润。

（2）利润分配业务的账务处理。

【例 4-55】 6月30日，将企业本月实现的净利润 566 475 元转入利润分配。

这项经济业务引起所有者权益要素内部发生变化。一方面本年利润减少了 566 475 元，应计入"本年利润"账户的借方，另一方面利润分配增加了 566 475 元，应计入"利润分配"账户的贷方。这项业务应编制如下会计分录：

借：本年利润　　　　　　　　566 475

　　贷：利润分配　　　　　　　　　　566 475

【例 4-56】 6月30日，企业按税后利润 566 475 元的 10% 提取法定盈余公积 56 647.5 元。

这项经济业务引起所有者权益要素内部发生变化。一方面未分配利润减少了 56 647.5 元,应计入"利润分配"账户的借方,另一方面盈余公积增加了 56 647.5 元,应计入"盈余公积"账户的贷方。这项业务应编制如下会计分录:

借:利润分配　　　　　　　　　56 647.5
　贷:盈余公积——法定盈余公积　　56 647.5

【例 4-57】　6 月 30 日,企业按税后利润 566 475 元的 50% 计算应付投资者利润 283 237.5 元。

这项经济业务引起所有者权益和负债两类要素发生变化。一方面未分配利润减少了 283 237.5 元,应计入"利润分配"账户的借方,另一方面应付利润增加了 283 237.5 元,应付利润的增加属于负债的增加,应计入"应付利润"账户的贷方。这项业务应编制如下会计分录:

借:利润分配　　　　　　　　　283 237.5
　贷:应付利润　　　　　　　　　283 237.5

企业通过提取盈余公积及向投资者分配利润后,还有剩余的未分配利润 226 590 元 (566 475－56 647.5－283 237.5),可以留待以后年度再进行分配。

本章小结

本章以工业企业主要经营过程中的一般经济业务为例,阐明了企业资金筹集业务、材料采购业务、生产业务、销售业务及利润形成和分配业务的会计核算、账务处理及成本结转。

企业的生产经营活动最具代表性的是工业生产企业,其涉及的会计业务也是最全面的。工业企业为了进行生产经营活动,必须要拥有一定数量的财产、物资,这些财产物资的货币表现形式就是资金。随着生产经营活动的进行,资金以货币资金—储备资金—生产资金—成品资金—货币资金的形式不断运动,依次经过供应、生产、销售三个过程,收入扣减成本及费用后,形成利润,再将利润进行分配。本章主要包括以下五个方面内容:

1.资金的筹集业务:企业为了进行生产经营活动需要有一定数量的资金。资金筹集是指企业从各种不同的渠道,用各种不同的方式筹集其生产经营过程中所需要的资金。这些资金由于渠道与方式的不同,其筹集的条件、筹集的成本和筹集的风险也不同。因此,公司理财中对资金筹集管理的目标就是寻找、比较和选择对公司资金筹集条件最有利、资金筹集成本最低和资金筹集风险最小的资金来源。资金筹集是企业财务活动的起点,筹资活动是企业生存、发展的基本前提,没有资金企业将难以生存,也不可能发展。

2.生产准备业务:企业筹集资金是为了运用资金实现其经营目标,将筹集的资金建造厂房、建筑物、购置机械设备和进行材料采购。因此,固定资产购建业务的核算和材料采购业务的核算就构成了生产准备业务核算的主要内容。材料采购业务的核算内容比较复杂,难度也比较大。企业要进行正常的生产经营活动,就必须购买和储备一定品种和数量的材料。在材料采购过程中,一方面是企业从供应单位购进各种材料物质,另一方面是企业要支付材料的买价和各种采购费用,包括运输费、装卸费和入库前的整理挑选费用等,并与供应单位发生货款的结算关系。企业购进的材料,经过验收入库以后,即为可供生产领用的库存材料。材料的买价加上各种采购费用,就构成了材料的采购成本。

3.产品生产业务:工业企业的主要经济活动是生产符合社会需要的产品。产品的生产过程同时也是生产的耗费过程,企业要生产产品就发生各种生产耗费,包括生产资料中的劳动手段和劳动对象的耗费以及劳动力等方面的耗费。企业在一定时期内发生的用货币额表现的生产耗费叫做生产费用。这些费用最终都要归集、分配到一定种类的产品上,形成各种产品的成本。我们将企业为生产一定种类、一定数量产品所支出的各种生产费用的总和叫做这些产品的生产成本。因此,产品生产业务核算的主要内容就包括了在产品生产过程中费用的发生、归集和分配以及产品成本的形成。

4. 产品销售业务:企业生产产品的最终目的是对外销售,向客户收取货款。企业销售的产品不但在生产过程中要发生一定的生产成本,而且在销售过程中还要发生一定的销售费用,产品销售后还要按照国家规定缴纳销售税金。将销售产品的生产成本、销售税金、销售费用与销售收入对比,可以确定企业销售业务的盈利或亏损情况。产品销售业务核算的主要内容包括产品销售业务的账户设置、账务处理以及产品销售成本的结转。

5. 财务成果业务:财务成果是企业一定生产期间经营活动的最终财务成果,是企业在一定会计期间所实现的各种收入(收益)大于相关费用(支出等)以后的差额。如果收入小于费用,其差额为企业的亏损。它综合反映企业生产经营活动情况,是考核企业经营管理水平的一个综合指标。

复习思考题

1. 简述成本计算的一般程序。
2. 怎样计算、确定材料采购成本?
3. 产品制造成本和期间费用在会计处理上有什么不同?
4. 企业利润总额由哪些部分组成?
5. 简述企业税后净利润的分配顺序。

实务训练题

习题一

根据下列经济业务,经过必要的计算后,编制会计分录。

1. 筹集资金的核算

(1)企业接受正大公司、宏远公司和利达公司三方的出资组建公司,公司的注册资本为 500 万元,三方的出资比例分别为 50%、30%、20%。三方的投资款全部收到并存入银行。

(2)企业收到外商投入一项专利技术,价值 150 000 元。

(3)企业向银行借入期限为六个月的借款 500 000 元,存入银行。

(4)企业用银行存款偿还期限为三个月的到期借款 40 000 元。

(5)经批准将企业资本公积转增注册资本。其中:国家资本 60 000 元,法人资本 40 000 元。

(6)企业借入 5 年期到期还本每年付息借款 5 000 000 元,合同约定年利率为 6%,假定不符合资本化条件。企业编制如下会计处理:①借入款项;②每月计算确定利息费用;③每年支付借款利息;④到期归还借款。

(7)企业接受某外商捐赠 500 000 元存入银行。

2.供应过程的核算

乙公司系增值税的一般纳税人,本月发生下列购进业务:

(1)乙公司设立时收到 B 公司作为资本投入的原材料一批,该批原材料投资按增值税专用发票标明价值,材料价款 100 000 元,增值税额 17 000 元。原材料验收入库。

(2)企业购入 A 材料 500 千克,增值税专用发票标明材料价款 60 000 元,增值税 10 200 元,价税款共计 70 200 元,用银行汇票支付,材料入库。

(3)根据购货合同规定,开出转账支票预付 C 材料款 70 000 元。

(4)收到已预付货款的 C 材料,并验收入库,增值税发票注明:价款总计 70 000 元,增值税 11 900 元,开出转账支票 11 900 元补付款项。

(5)企业向大容公司购入材料,增值税专用发票注明:A 材料,100 千克,单价 300 元,增值税额 5 100 元,B 材料,200 千克,单价 350 元,增值税额 11 900 元,价税款未付,A 材料和 B 材料尚未入库。

(6)上述 A 材料和 B 材料如数到达,并验收入库,两种材料共发生运输费 900 元,入库挑选整理费 600 元,用银行存款支付,结转其材料采购成本。

(7)企业签发六个月期限不带息的商业承兑汇票一张,面值 117 000 元,以抵付前欠大容公司货款。

(8)企业用银行存款购入一台需要安装的设备,增值税专用发票上注明的设备买价为 300 000 元,增值税额 51 000 元(假设准抵扣),支付运输费 10 000 元,支付安装费 50 000 元。

3.生产过程的核算

(1)"发料凭证汇总表"显示,当月生产车间共领用 A 材料 198 000 元(其中,用于甲产品生产 120 000 元,用于乙产品生产 78 000 元),车间管理部门领用 A 材料 3 000 元,公司行政管理部门领用 A 材料 2 000 元。

(2)"工资结算汇总表"显示,本月应付生产工人薪酬 114 000 元(其中,生产甲产品的工人薪酬 67 000 元,生产乙产品的工人薪酬 47 000 元),应付车间管理人员薪酬 17 100 元,应付行政管理人员薪酬为 22 800 元。

(3)企业根据实际发生的职工福利费 12 100 元,进行分配结转,其中:生产甲产品工人福利费 5 080 元,生产乙产品工人福利费 4 000 元,车间人员福利费 1 920 元,厂部行政管理人员福利费 1 100 元。

(4)厂部行政管理人员王平出差,预借差旅费 2 000 元,以现金支付。

(5)王平出差回到企业,报销差旅费 1 160 元,余款以现金交回。

(6)用现金购买办公用品 890 元,并交付使用,其中生产车间 540 元,厂部 350 元。

(7)用银行存款支付本月水电费 2 500 元,其中生产车间应负担 1 000 元,厂部负担 1 500 元。

(8)月末,企业用银行存款预付下一年度财产保险费 12 000 元和下年度报纸杂志费 1 200 元。

(9)摊销应由本月负担的财产保险费 1 000 元和报刊费 100 元,其中生产车间应负担 440 元,厂部负担 660 元。

(10)"固定资产折旧计算表"显示,当月生产车间计提折旧 30 000 元,厂部行政管理部门计提折旧 40 000 元。

(11)月末结转制造费用,其中甲产品 5 000 元,乙产品 7 000 元。

(12)月末结转完工产品成本,其中甲产品 27 000 元,乙产品 33 200 元。

4. 销售过程核算

华诚公司系增值税一般纳税人,适用的增值税税率为 17%。2014 年 12 月份发生的部分经济业务如下:

(1)向青海工厂销售甲产品 500 件,增值税专用发票上注明销售价格为 200 000 元,增值税额为 34 000 元。提货单和增值税专用发票已交青海工厂,该厂已承诺付款,甲产品 500 件的实际成本为 100 000 元。

(2)销售给五环工厂甲产品 200 件,增值税专用发票上注明销售价格 80 000 元,增值税额 13 600 元,收到一张三个月不带息的银行承兑汇票。甲产品 200 件的实际成本为 40 000 元。

(3)收到青海工厂为期三个月的商业承兑汇票一张,抵付甲产品货款 234 000 元。

(4)销售给长虹工厂甲产品 300 件,售价 180 000 元,乙产品 100 件,售价 25 000 元,增值税率 17%,采用托收承付结算方式,商品已发出,另以现金 150 元代垫运杂费。甲产品实际成本 80 000 元,乙产品实际成本 10 000 元。

(5)收到星海工厂准备购买甲产品预付的定金 300 000 元存入银行。

(6)收到开户银行收账通知,长虹工厂的价税款全部到账。

(7)按合同规定期限,向星海工厂发出甲产品,开出增值税专用发票售价 240 000 元,增值税款 40 800 元。

(8)开出转账支票一张,向星海工厂退多收的预收款。

(9)华丰公司于本月 12 日送来一张转账支票,偿还甲产品价税款。

(10)企业出售一批成本为 3 000 元的库存闲置的材料,售价 5 000 元,增值税 850 元,价税款存入银行,同时结转材料成本。

(11)本月以银行存款支付销售商品的广告费 6 000 元,展览费 2 000 元。

(12)用现金 300 元支付销售机构的办公用品费。

(13)月末,按本月应交增值税 68 000 元的 7%、3%、1% 分别计算应交的城市维护建设税、教育费附加和地方教育费附加。

(14)用银行存款上交本月的应交增值税、城市维护建设税、教育费附加和地方教育费附加。

(15)收到为期六个月的商业承兑汇票,兑现 58 500 元。

5. 利润形成和利润分配的核算

(1)用现金 4 500 元支付厂部办公用品费。

(2)将无法偿还的应付账款 18 000 元予以转账。

(3)用银行存款向灾区捐款 50 000 元。

(4)企业按规定将固定资产毁损损失 20 000 元转作营业外支出。

(5)收到罚款收入 20 000 元存入银行。

(6)计提车船使用税 1 500 元和房产税 20 000 元。

(7)计提国库券利息 5 000 元。

(8)收到联营企业分来的投资利润 150 000 元存入银行。

(9)结转损益类收入账户的余额,其中主营业务收入 350 000 元,其他业务收入 10 000 元,投资收益 150 000 元,营业外收入 20 000 元。

(10)结转损益类费用账户的余额,其中主营业务成本 210 000 元,销售费用 8 000 元,营业税金及附加 8 500 元,管理费用 34 500 元,财务费用 2 000 元,其他业务成本 7 000 元,营业外支出 60 000 元。

(11)按本月实际的利润总额的 25% 计算并结转应交所得税费用。

(12)年末,结转全年实现的净利润 800 000 元。

(13)按全年实现的净利润的 10% 提取法定盈余公积 80 000 元,提取任意盈余公积100 000 元。

(14)经研究决定向投资者分配利润 450 000 元。

(15)用盈余公积转增资本 50 000 元,其中国家资本 30 000 元,法人资本 20 000 元。

(16)用银行存款交纳本月应交所得税费用。

(17)结转本年利润分配数。

习题二

根据下列经济业务,经过必要计算后,编制会计分录。

(1)用现金 350 元支付厂部办公费。

(2)用银行存款 800 元支付销售产品发生的运输费。

(3)向银行贷款 200 000 元存入银行,还款期为 9 月。

(4)收到投资者投入的货币资金 500 000 元存入银行。

(5)盘亏设备一台,原始价值 6 000 元,已提折旧 3 500 元。

(6)盘亏的设备 2 500 元,经批准转作营业外支出。

(7)收到国家投入机器,价值 450 000 元。

(8)用银行存款归还短期借款 50 000 元。

(9)采购员王洪预借差旅费现金 1 000 元。

(10)厂部管理人员报销差旅费 600 元。

(11)提取现金 50 000 元备发工资。

(12)以现金 50 000 元支付应付职工工资。

(13)该厂从南方厂购进甲材料 50 000 千克,增值税专用发票所列单价 4.90 元,计买价 245 000 元,进项税额为 41 650 元,对方代垫运费 50 000 元,款项以银行存款支付,材料尚未运到。

(14)按规定计提本月固定资产折旧费 12 000 元,其中,生产车间使用的固定资产应计提折旧费 8 000 元,企业行政管理部门使用的固定资产应计提折旧费 4 000 元。

(15)分配本月份职工工资 45 000 元,其中生产工人工资 31 000 元(用于 A 产品生产工人工资 18 000 元,B 产品生产工人工资 13 000 元),车间管理人员工资 4 000 元,企业行政管理部门人员工资 10 000 元。

(16)按规定以职工工资总额为基础计提月福利费 6 300 元,其中,按企业行政管理部门人员工资提计的福利费 1 400 元,按生产车间管理人员工资计提的福利费 560 元,按生产工人工资提计的福利费 4 340 元(A 产品 2 520 元,B 产品 1 820 元)。

(17)结转本月制造费 13 295 元,其中 A 产品 7 000 元,B 产品 6 295 元。

(18)结转本月完工入库 A、B 产品制造费用,A 产品 1 000 件,每件成本 80 元,计 80 000 元;B 产品 2 500 件,每件成本 120 元,计 300 000 元。

(19)销售给甲单位 A 产品 800 件,每件售价 130 元,计 104 000 元;B 产品 500 件,每件售价 180 元,计 90 000 元。货款总额为 194 000 元,应收取的增值税额为 32 980 元,款项收到并已存入银行。

(20)将本月主营业务收入 778 000 元(A 产品 364 000 元,B 产品 414 000 元),其他业务收入 12 000 元,投资收益 8 000 元,营业外收入 3 000 元,结转"本年利润"账户。

(21)将本月管理费用 19 936 元,财务费用 13 240 元,销售费用 1 350 元,主营业务成本 500 000 元(A 产品 224 000 元,B 产品 276 000 元),营业税金附加 5 474 元,其他业务成本 10 000 元,营业外支出 2 000 元,所得税费用费用 82 170 元,转入"本年利润"账户。

(22)将全年实现的净利润 802 170 元结转到"利润分配——未分配利润"明细账户。

(23)按规定从本年税后利润中提取盈余公积金 80 217 元。

(24)按规定计算出应付给投资者的利润 80 000 元。

(25)将全年实现的已分配的利润结转到"利润分配——未分配利润"明细账。

第5章

会 计 凭 证

5.1 会计凭证概述

➤ 5.1.1 会计凭证的概念

会计凭证是记录经济业务、明确经济责任的书面证明,也是登记账簿的依据。会计管理工作要求会计核算提供真实的会计资料,强调记录的经济业务必须有根有据。因此,任何企业、事业和行政单位,每发生一笔经济业务,都必须由执行或完成该项经济业务的有关人员取得或填制会计凭证,并在凭证上签名或盖章,以对凭证上所记载的内容负责。例如,购买商品、材料由供货方开出发票;支出款项由收款方开出收据;接收商品、材料入库要有收货单;发出商品要有发货单;发出材料要有领料单等。这些发票、收据、收货单、发货单、领料单都是会计凭证。所有会计凭证都必须认真填制,同时还得经过财会部门严格审核,只有审核无误的会计凭证才能作为经济业务发生或完成的证明,才能作为登记账簿的依据。

➤ 5.1.2 会计凭证的作用

填制和审核会计凭证是会计核算方法之一,也是会计核算工作的基础。填制和审核会计凭证在经济管理中具有重要作用。

1.为会计核算提供原始依据

任何经济业务发生都必须取得或填制会计凭证,如实地反映经济业务发生或完成的情况。会计凭证上记载了经济业务发生的时间和内容,从而为会计核算提供了原始凭据,保证了会计核算的客观性与真实性,克服了主观随意性,使会计信息的质量得到了可靠保障。

2.发挥会计监督作用

经济业务是否合法、合理,是否客观真实,在记账前都必须经过财会部门审核。通过审核会计凭证,可以充分发挥会计监督作用。通过检查每笔经济业务是否符合有关政策、法令、制度、计划和预算的规定,有无铺张浪费和违纪行为,从而促进各单位和经办人树立遵纪守法的观念,促使各单位建立健全的各项规章制度,确保财产安全完整。

3.加强岗位责任制

每一笔经济业务发生或完成都要填制和取得会计凭证,并由相关单位和人员在凭证上签名盖章,这样能促使经办人员严格按照规章制度办事。一旦出现问题,便于分清责任,及时采取措施,有利于岗位责任制的落实。

➤ 5.1.3 会计凭证的种类

经济业务的纷繁复杂决定了会计凭证是多种多样的。为了正确地使用和填制会计凭证，必须对会计凭证进行分类。会计凭证按照编制的程序和用途不同，分为原始凭证和记账凭证。

1. 原始凭证

原始凭证是在经济业务发生或完成时由相关人员取得或填制的，用以记录或证明经济业务发生或完成情况并明确有关经济责任的一种原始凭据。任何经济业务发生都必须填制和取得原始凭证，原始凭证是会计核算的原始依据。

2. 记账凭证

记账凭证是财会部门根据审核无误的原始凭证进行归类、整理，记载经济业务简要内容，确定会计分录的会计凭证。记账凭证是登记会计账簿的直接依据。

5.2 原始凭证

➤ 5.2.1 原始凭证的基本内容

原始凭证是在经济业务发生或完成时由相关人员取得或填制的，用以记录或证明经济业务发生或完成情况并明确有关经济责任的一种原始凭据。原始凭证是证明经济业务发生的原始依据，具有较强的法律效力，是一种很重要的会计凭证。

企业发生的经济业务纷繁复杂，反映其具体内容的原始凭证也品种繁多。虽然原始凭证反映经济业务的内容不同，但无论哪一种原始凭证，都应该说明有关经济业务的执行和完成情况，都应该明确有关经办人员和经办单位的经济责任。因此，各种原始凭证，尽管名称和格式不同，但都应该具备一些共同的基本内容。这些基本内容就是每一张原始凭证所应该具备的要素。原始凭证必须具备以下基本内容：

(1)原始凭证的名称。

(2)填制原始凭证的日期和凭证编号。

(3)接受凭证的单位名称。

(4)经济业务内容，如品名、数量、单价、金额大小写等。

(5)填制原始凭证的单位名称和填制人姓名。

(6)经办人员的签名或盖章。

有些原始凭证，不仅要满足会计工作的需要，还应满足其他管理工作的需要。因此，在有些凭证上，除具备上述内容外，还应具备其他一些项目，如与业务有关的经济合同、结算方式、费用预算等，以便更加完整、清晰地反映经济业务。

在实际工作中，各单位根据会计核算和管理的需要，可自行设计印制适合本单位需要的各种原始凭证。但是对于在一个地区范围内经常发生大量同类经济业务，应由各主管部门统一设计印制原始凭证。如银行统一印制的银行汇票、转账支票和现金支票等，由铁路部门统一印制的火车票，由税务部门统一印制的有税务登记的发票，财政部门统一印制的收款收据等。这样可以使原始凭证的内容格式统一，便于加强监督管理。

▶5.2.2　原始凭证的种类

纷繁复杂的经济业务导致原始凭证的品种繁多,为了更好地认识和利用原始凭证,必须按照一定标准对原始凭证进行分类。原始凭证按照不同的分类标准,可以属于不同的种类。

1. 原始凭证按其来源不同分类

原始凭证按其来源不同可以分为外来原始凭证和自制原始凭证两种。

外来原始凭证是在经济业务活动发生或完成时,从其他单位或个人直接取得的原始凭证。如增值税专用发票、非增值税及小规模纳税人的发票、铁路运输部门的火车票、由银行转来的结算凭证和对外支付款项时取得的收据等都是外来原始凭证。增值税专用发票格式如表5-1所示。

表 5-1　辽宁增值税专用发票

辽宁增值税专用发票　　　　　　No：

开票日期：年　月　日　　　　　　发票联

购货单位	名　称								纳税登记号		
	地址、电话								开户银行及账号		
货物或应税劳务名称		规格型号	计量单位	数量	单价	金　额		税率(%)		税　额	
合　计											
价 税 合 计		佰 拾 万 仟 佰 拾 元 角 分　¥									
备　注											
销货单位	名　称								纳税登记号		
	地址、电话								开户银行及账号		

销货单位(章)：　　　收款人：　　　　　复核：　　　　　开票人：

第二联 报销凭证

自制原始凭证是指本单位内部具体经办业务的部门和人员,在执行或完成一项经济业务时所填制的原始凭证。如"收料单""领料单""销货发票""产品入库单""工资结算表"等。领料单格式如表5-2所示。

表5-2 领料单

领料部门:　　　　　　　　　　　　　　　　凭证编号:

用途:　　　　　　　　　年　　月　　日　　　　收料仓库:

材料编号	材料规格及名称	计量单位	数量		价格	
			请领	实领	单价	金额(元)
备注					合计	

记账　　　　　　　　发料　　　　　　　　审批　　　　　　　　领料

2.原始凭证按其填制方法不同分类

原始凭证按其填制方法不同可以分为一次凭证、累计凭证和汇总凭证三种。

一次凭证是指一次填制完成的原始凭证。它反映一笔经济业务或同时反映若干同类经济业务的内容。外来原始凭证一般均属一次凭证,自制原始凭证中大多数也是一次凭证。日常的原始凭证多属此类,如"现金收据""发货票""收料单"等。一次凭证能够清晰地反映经济业务活动情况,使用方便灵活,但数量较多。

累计凭证,是指在一张凭证上连续登记一定时期内不断重复发生的若干同类经济业务,直到期末才能填制完毕的原始凭证。累计凭证可以连续登记相同性质的经济业务,随时计算出累计数及结余数,期末按实际发生额记账。如"费用限额卡""限额领料单"等。限额领料单的格式如表5-3所示。

表5-3 限额领料单

领料部门:　　　　　　　　　　　　　　　　凭证编号:

产品名称、号码:　　　　　　　　　　　　　　　　　　年　　月　　日

计划产量:　　　　　　　单位消耗定额:　　　　　　　编号:

材料编号	材料名称	规格	计量单位	计划单位	领料限额	全月实用	
						数量	金额
领料日期	请领数量	实发数量	领料人签章	发料人签章		限额结余	
合计							

供应部门负责人:　　　　　　生产部门负责人:　　　　　　仓库管理员:

汇总凭证,也叫原始凭证汇总表,是根据许多同类经济业务的原始凭证或会计核算资料定期加以汇总而重新编制的原始凭证。如"发出材料汇总表""差旅费报销单"等。汇总凭证既可以提供经营管理所需要的总量指标,又可以大大简化核算手续。发出材料汇总表的格式如表5-4所示。

表5-4　发出材料汇总表

年　　月　　日

会计科目		领料部门	原材料	燃料	合计
生产成本	基本生产车间	一车间			
		二车间			
		小计			
	辅助生产车间	供电车间			
		供气车间			
		小计			
制造费用		一车间			
		二车间			
		小计			
管理费用		行政部门			
合计					

财会负责人:　　　　　　复核:　　　　　　　　制表:

3. 原始凭证按用途不同分类

原始凭证按其用途不同可以分为通知凭证、执行凭证和计算凭证三种。

通知凭证是指要求、指示或命令企业进行某项经济业务的原始凭证,如"罚款通知书""付款通知单"等。

执行凭证是用来证明某项经济业务发生或已经完成的原始凭证,如"销货发票""材料验收单""领料单"等。

计算凭证是指根据其他原始凭证和有关会计核算资料进行相关计算而编制的原始凭证。计算凭证一般是为了便于以后记账和了解各项数据来源和产生的情况而编制的。如"制造费用分配表""产品成本计算单""工资结算表"等。

4. 原始凭证按其格式不同分类

原始凭证按其格式不同可以分为通用凭证和专用凭证两种。

通用凭证是指全国或某一地区、某一部门统一格式的原始凭证。如由银行统一印制的结算凭证、税务部门统一印制的发票等。

专用凭证是指一些单位具有特定内容、格式和专门用途的原始凭证。如高速公路通过费收据、养路费缴款单等。

以上是按不同的标志对原始凭证进行的分类。它们之间是相互依存密切联系的,有些原始凭证按照不同的分类标准分别属于不同的种类。如现金收据对出具收据的单位来说是自制原始凭证,而对接收收据的单位来说则是外来原始凭证;同时,它既是一次凭证,又是执行凭证,也是专用凭证。外来凭证大多为一次凭证,计算凭证、累计凭证大多为自制原始凭证。

5.2.3 原始凭证的填制

填制原始凭证,要由填制人员将各项原始凭证要素按规定方法填写齐全,办妥签章手续,明确经济责任。

由于各种凭证的内容和格式千差万别,因此,原始凭证的具体填制方法也不同。一般来说,自制原始凭证通常有三种形式:一是根据经济业务的执行和完成的实际情况直接填列,如根据实际领用的材料品名和数量填制领料单等;二是根据账簿记录对某项经济业务进行加工整理填列,如月末计算产品成本时,先要根据"制造费用"账户本月借方发生额填制"制造费用分配表",将本月发生的制造费用按照一定的分配标准分配到有关产品成本中去,然后再计算出某种产品的生产成本;三是根据若干张反映同类业务的原始凭证定期汇总填列,如发出材料汇总表。外来原始凭证是由其他单位或个人填制的。它同自制原始凭证一样,也要具备能证明经济业务完成情况和明确经济责任所必需的内容。

原始凭证是具有法律效力的证明文件,是进行会计核算的依据,必须认真填制。为了保证原始凭证能清晰地反映各项经济业务的真实情况,原始凭证的填制必须符合以下要求:

(1)记录要真实。原始凭证上填制的日期、经济业务内容和数字必须是经济业务发生或完成的实际情况,不得弄虚作假,不得以匡算数或估计数填入,不得涂改、挖补。

(2)内容要完整。原始凭证中应该填写的项目要逐项填写,不可缺漏;名称要写全,不要简化;品名和用途要填写明确,不能含糊不清;有关部门和人员的签名和盖章必须齐全。

(3)手续要完备。单位自制的原始凭证必须有经办业务的部门和人员签名盖章;对外开出的凭证必须加盖本单位的公章或财务专用章;从外部取得的原始凭证必须有填制单位公章或财务专用章。总之,取得的原始凭证必须符合手续完备的要求,以明确经济责任,确保凭证的合法性、真实性。

(4)填制要及时。所有业务的有关部门和人员,在经济业务实际发生或完成时,必须及时填写原始凭证,做到不拖延、不积压、不事后补填,并按规定的程序审核。

(5)编号要连续。原始凭证要顺序连续或分类编号,在填制时要按照编号的顺序使用,跳号的凭证要加盖"作废"戳记,连同存根一起保管,不得撕毁。

(6)书写要规范。原始凭证中的文字、数字书写都要清晰、工整、规范,做到字迹端正、易于辨认,不草、不乱、不造字。大小写金额要一致。复写的凭证要不串行、不串格、不模糊,一式几联的原始凭证应当注明各联的用途。数字和货币符号的书写要符合下列要求:

①数字要一个一个地写,不得连笔写。特别是在要连写几个"0"时,也一定要单个写,不能将几个"0"连在一起一笔写完。数字排列要整齐,数字之间的空格要均匀,不宜过大。此外阿拉伯数字的书写还应有高度的标准,一般要求数字的高度占凭证横格的1/2为宜。书写时还要注意紧靠横格底线,使上方能有一定的空位,以便需要进行更正时可以再次书写。

②阿拉伯数字前面应该书写货币币种或者货币名称简写和币种符号。币种符号与阿拉伯数字之间不得留有空白。凡阿拉伯金额数字前写有货币币种符号的,数字后面不再写货币单位。所有以元为单位(其他货币种类为货币基本单位,下同)的阿拉伯数字,除表示单价等情况外,一律填写到角分;无角分的,角位和分位写"00"或者符号"—";有角无分的,分位应当写"0",不得用符号"—"代替。在发货票等须填写大写金额数字的原始凭证上,如果大写金额数

字前未印有货币名称,应当加填货币名称,然后在其后紧接着填写大写金额数字,货币名称和金额数字之间不得留有空白。

③汉字填写金额如零、壹、贰、叁、肆、伍、陆、柒、捌、玖、拾、佰、仟、万、亿等,应一律用正楷或行书体填写,不得用〇、一、二、三、四、五、六、七、八、九、十等简化字代替。不得任意自造简化字。大写金额数字到元或角为止的,在"元"或"角"之后应当写"整"或"正"字。阿拉伯金额数字之间有"0"时,汉字大写金额应写"零"字;阿拉伯金额数字中间连续有几个"0"时,大写金额中可以只有一个"零";阿拉伯金额数字元位为"0"或者数字中间连续有几个"0",元位也是"0",但角位不是"0"时,汉字大写金额可以只写一个"零"字,也可以不写"零"字。

5.2.4 原始凭证的审核

为了正确反映和监督各项经济业务,财务部门对取得的原始凭证必须进行严格审核和核对,保证核算资料的真实、合法、完整。只有经过审查无误的凭证,方可作为编制记账凭证和登记账簿的依据。原始凭证的审核,是会计监督工作的一个重要环节,一般应从以下两方面进行:

(1)审查原始凭证所反映经济业务的合理性、合法性和真实性。这种审查是以有关政策、法规、制度和计划合同等为依据,审查凭证所记录的经济业务是否符合有关规定,有无贪污盗窃、虚报冒领、伪造凭证等违法乱纪现象,有无不讲经济效益、违反计划和标准的要求等。对于不合理、不合法及不真实的原始凭证,财会人员应拒绝受理。如发现伪造或涂改凭证弄虚作假、虚报冒领等不法行为,除拒绝办理外,还应立即报告有关部门,提请严肃处理。

(2)审核原始凭证的填制是否符合规定的要求。首先审查所用的凭证格式是否符合规定,凭证的要素是否齐全,是否有经办单位和经办人员签章;其次审查凭证上的数字是否完整,大、小写是否一致;最后审查凭证上数字和文字是否有涂改、污损等不符合规定之处。如果通过审查发现凭证不符合上述要求,那么凭证本身就失去作为记账依据的资格,会计部门应把那些不符合规定的凭证退还给原编制凭证的单位或个人,要求重新补办手续。

原始凭证的审核是一项很细致而且十分严肃的工作。要做好原始凭证的审核,充分发挥会计监督的作用,会计人员应该做到精通会计业务,熟悉有关的政策、法令和各项财务规章制度,对本单位的生产经营活动有深入的了解;同时还要求会计人员具有维护国家法令、制度和本单位财务管理的高度责任感,敢于坚持原则,才能在审核原始凭证时正确掌握标准,及时发现问题。

原始凭证经过审核后,对于符合要求的原始凭证,及时编制记账凭证并登记账簿;对于手续不完备、内容记载不全或数字计算不正确的原始凭证,应退回有关经办部门或人员补办手续或更正;对于伪造、涂改或经济业务不合法的凭证,应拒绝受理,并向本单位领导汇报,提出拒绝执行的意见;对于弄虚作假、营私舞弊、伪造涂改凭证等违法乱纪行为,必须及时揭露并严肃处理。

5.3 记账凭证

5.3.1 记账凭证的基本内容

记账凭证是会计人员根据审核后的原始凭证进行归类、整理,并确定会计分录而编制的会计凭证,是登记账簿的依据。由于原始凭证只表明经济业务的内容,而且种类繁多、数量庞大、格式不一,因而不能直接记账。为了做到分类反映经济业务的内容,必须按会计核算方法的要求,将其归类、整理、编制记账凭证,标明经济业务应计入的账户名称及应借应贷的金额,作为记账的直接依据。所以,记账凭证必须具备以下内容:

(1)记账凭证的名称。

(2)填制凭证的日期、凭证编号。

(3)经济业务的内容摘要。

(4)经济业务应计入账户的名称、记账方向和金额。

(5)所附原始凭证的张数和其他附件资料。

(6)会计主管、记账、复核、出纳、制单等有关人员签名或盖章。

记账凭证和原始凭证同属于会计凭证,但二者存在以下不同:原始凭证是由经办人员填制,记账凭证一律由会计人员填制;原始凭证根据发生或完成的经济业务填制,记账凭证根据审核后的原始凭证填制;原始凭证仅用以记录、证明经济业务已经发生或完成,记账凭证要依据会计科目对已经发生或完成的经济业务进行归类、整理;原始凭证是填制记账凭证的依据,记账凭证是登记账簿的依据。

5.3.2 记账凭证的种类

由于会计凭证记录和反映的经济业务多种多样,因此,记账凭证也是多种多样的。记账凭证按不同的标志,可以分为不同的种类。

1. 记账凭证按其反映的经济内容不同,可分为收款凭证、付款凭证、转账凭证

(1)收款凭证。

收款凭证是指专门用于记录现金和银行存款收款业务的会计凭证。它是出纳人员收讫款项的依据,也是登记总账、现金日记账和银行存款日记账以及有关明细账的依据,一般按现金和银行存款分别编制。收款凭证格式如表5-5所示。

表5-5 收款凭证

借方科目:银行存款   2015-01-30   银收字1号

摘　要	贷方科目		金额	记账
	总账科目	明细科目		
销售成品甲药	主营业务收入	成品甲药	60 000.00	
	应交税费	增值税(销项税)	10 200.00	
合　计			70 200.00	

附件1张

会计主管: 记账: 复核: 制单: 出纳:

(2)付款凭证。

付款凭证是指专门用于记录现金和银行存款付款业务的会计凭证。它是出纳人员支付款项的依据,也是登记总账、现金日记账和银行存款日记账以及有关明细账的依据,一般按现金和银行存款分别编制。付款凭证格式如表5-6所示。

表5-6 付款凭证

贷方科目:银行存款 　　　　　　2015-01-30 　　　　　　银付字4号

摘　　　　要	借方科目		金额
	总账科目	明细科目	
支付欠款	应付账款	安阳飞鸿药业	5 000.00
合　　计			5 000.00

会计主管: 　　　记账: 　　　复核: 　　　制单: 　　　出纳:

附件1张

(3)转账凭证。

转账凭证是指专门用于记录不涉及现金和银行存款收付款业务的会计凭证。它是登记总账和有关明细账的依据。转账凭证格式如表5-7所示。

表5-7 转账凭证

2015-01-31 　　　　　　转字4号

摘　　要	科目名称		借方金额	贷方金额	记账
	总账科目	明细科目			
结转本月收入	主营业务收入		60 000.00		
	本月利润			60 000.00	
合计			60 000.00	60 000.00	

会计主管: 　　　复核: 　　　记账: 　　　制单:

附件1张

收款凭证、付款凭证和转账凭证分别用以记录现金、银行存款收款业务、付款业务和转账业务(与现金、银行存款收支无关的业务),为了便于识别,各种凭证印制成不同的颜色。在会计实务中,对于现金和银行存款之间的收付款业务,为了避免记账重复,一般只编制付款凭证,不编制收款凭证。

2.记账凭证按其填制方式不同,可分为单式记账凭证和复式记账凭证

(1)单式记账凭证。

单式记账凭证是在每张凭证上只填列经济业务事项所涉及的一个会计科目及其金额的记账凭证。填列借方科目的称为借项记账凭证,填列贷方科目的称为贷项记账凭证。一项经济业务涉及几个科目,就分别填制几张凭证,并采用一定的编号方法将它们联系起来。单式凭证的优点是内容单一,便于记账工作的分工,也便于按科目汇总,并可加速凭证的传递。其缺点是凭证张数多,内容分散,在一张凭证上不能完整地反映一笔经济业务的全貌,不便于检验会计分录的正确性,故需加强凭证的复核、装订和保管工作。

单式记账凭证的一般格式如表5-8和表5-9所示。

表5-8 借项记账凭证

对应科目:

年 月 日　　　　　　　　　　　　　　　　记字第 号

摘要	总账科目	明细科目	金额	账页
合计				

会计主管: 记账: 出纳: 审核: 制单:

表5-9 贷项记账凭证

对应科目:

年 月 日　　　　　　　　　　　　　　　　记字第 号

摘要	总账科目	明细科目	金额	账页
合计				

会计主管: 记账: 出纳: 审核: 制单:

(2)复式记账凭证。

复式记账凭证是指将每一笔经济业务事项所涉及的全部会计科目及其发生额均在同一张凭证中反映的一种记账凭证。即一张记账凭证上登记一项经济业务所涉及的两个或者两个以上的会计科目,既有"借方",又有"贷方"。复式记账凭证的优点是可以集中反映账户的对应关系,有利于了解经济业务的全貌;同时还可以减少凭证的数量,减轻编制记账凭证的工作量,便于检验会计分录的正确性。其缺点是不便于汇总计算每一会计科目的发生额和进行分工记账。在实际工作中,普遍使用的是复式记账凭证。上述介绍的收款凭证、付款凭证、转账凭证都是复式记账凭证。

3.记账凭证按汇总方法不同,可分为分类汇总凭证和全部汇总凭证

(1)分类汇总凭证。

它是指定期按现金、银行存款及转账业务进行分类汇总,也可以按科目进行汇总。如可以将一定时期的收款凭证、付款凭证、转账凭证分别汇总,编制汇总收款凭证、汇总付款凭证、汇总转账凭证。

（2）全部汇总凭证。

它是指将单位一定时期内编制的会计分录，全部汇总在一张记账凭证上。将一定时期的所有记账凭证按相同会计科目的借方和贷方分别汇总，编制记账凭证汇总表（或称科目汇总表）。

汇总凭证是将许多同类记账凭证逐日或定期（3 天、5 天、10 天等）加以汇总后编制的记账凭证，有利于简化总分类账的登记工作。

4.记账凭证按其用途可以分为专用记账凭证和通用记账凭证

收款凭证、付款凭证和转账凭证，称为专用记账凭证。实际工作中，货币资金的管理是财会人员的一项重要工作。为了单独反映货币资金收付情况，在货币资金收付业务量较多的单位，往往对货币资金的收付业务编制专用的收、付款凭证。有些经济业务简单或收、付款业务不多的单位，可以使用一种通用格式的记账凭证。这种通用记账凭证既可用于收、付款业务，又可用于转账业务。通用记账凭证的格式如表 5-10 所示。

表 5-10　记账凭证

年　月　日　　　　　　　　　　　　　第　号　附单据　张

记账：　　　制单：　　　出纳：　　　审核：　　　领（交）款人：

摘　要	总账科目	明细科目	借方余额	贷方余额
合　计				

➤ 5.3.3　记账凭证的填制

1.记账凭证的填制要求

填制记账凭证是一项重要的会计工作，为了便于登记账簿，保证账簿记录的正确性，填制记账凭证应符合以下要求：

（1）依据真实。

除结账和更正错误外，记账凭证应根据审核无误的原始凭证及有关资料填制，记账凭证必须附有原始凭证并如实填写所附原始凭证的张数。记账凭证所附原始凭证张数的计算一般应以原始凭证的自然张数为准。如果记账凭证中附有原始凭证汇总表，则应该把所附的原始凭证和原始凭证汇总表的张数一起计入附件的张数之内。但报销差旅费等零散票券，可以粘贴在一张纸上，作为一张原始凭证。一张原始凭证如果涉及几张记账凭证的，可以将原始凭证附在一张主要的记账凭证后面，在该主要记账凭证摘要栏注明"本凭证附件包括××号记账凭证业务"字样,并在其他记账凭证上注明该主要记账凭证的编号或者附上该原始凭证的复印件,以便复核查阅。如果一张原始凭证所列的支出需要由两个以上的单位共同负担时,应当由保存该原始凭证的单位开给其他应负担单位原始凭证分割单。原始凭证分割单必须具备原始凭证的基本内容,并可作为填制记账凭证的依据,计算在所附原始凭证张数之内。

（2）内容完整。

记账凭证应具备的内容都要具备,要按照记账凭证上所列项目逐一填写清楚,有关人员的签名或者盖章要齐全,不可缺漏。如有以自制的原始凭证或者原始凭证汇总表代替记账凭证使用的,也必须具备记账凭证应有的内容。金额栏数字的填写必须规范、准确,与所附原始凭证的金额相符。金额登记方向、数字必须正确,角分位不留空格。

（3）分类正确。

填制记账凭证,要根据经济业务的内容,区别不同类型的原始凭证,正确应用会计科目和记账凭证。记账凭证可以根据每一张原始凭证填制,或者根据若干张同类原始凭证汇总填制,也可以根据原始凭证汇总表填制,但不得将不同内容或类别的原始凭证汇总填制在一张记账凭证上,会计科目要保持正确的对应关系。一般情况下,现金或银行存款的收、付款业务,应使用收款凭证或付款凭证;不涉及现金和银行存款收付的业务,如将现金送存银行,或者从银行提取现金,应以付款业务为主,只填制付款凭证而不填制收款凭证,以避免重复记账。在一笔经济业务中,如果既涉及现金或银行存款收、付,又涉及转账业务,则应分别填制收款或付款凭证和转账凭证。例如,单位职工出差归来报销差旅费并交回剩余现金时,就应根据有关原始凭证按实际报销的金额填制一张转账凭证,同时按收回的现金数额填制一张收款凭证。各种记账凭证的使用格式应相对稳定,特别是在同一会计年度内,不宜随意更换,以免引起编号、装订、保管方面的不便与混乱。

（4）日期正确。

记账凭证的填制日期一般应填制记账凭证当天的日期,不能提前或拖后;按权责发生制原则计算收益、分配费用、结转成本利润等调整分录和结账分录的记账凭证,虽然需要到下月才能填制,但为了便于在当月的账内进行登记,仍应填写当月月末的日期。

（5）连续编号。

为了分清会计事项处理的先后顺序,以便记账凭证与会计账簿之间的核对,确保记账凭证完整无缺,填制记账凭证时,应当对记账凭证连续编号。记账凭证编号的方法有多种:一种是将全部记账凭证作为一类统一编号;另一种是分别按现金和银行存款收入业务、现金和银行付出业务、转账业务三类进行编号,这样记账凭证的编号应分为收字第×号、付字第×号、转字第×号;还有一种是分别按现金收入、现金支出、银行存款收入、银行存款支出和转账业务五类进行编号,这种情况下,记账凭证的编号应分为现收字第×号、现付字第×号、银收字第×号、银付字第×号和转字第×号,或者将转账业务按照具体内容再分成几类编号。各单位应当根据本单位业务繁简程度、会计人员多寡和分工情况来选择便于记账、查账、内部稽核、简单严密的编号方法。无论采用哪一种编号方法,都应该按月顺序编号,即每月都从一号编起,按自然数1,2,3,4,5…顺序编至月末,不得跳号、重号。一笔经济业务需要填制两张或两张以上记账凭证的,可以采用分数编号法进行编号,例如有一笔经济业务需要填制三张记账凭证,凭证顺序号为6,就可以编成$6\frac{1}{3}$、$6\frac{2}{3}$、$6\frac{3}{3}$,前面的数表示凭证顺序,后面分数的分母表示该号凭证共有三张,分子表示三张凭证中的第一张、第二张、第三张。

(6)简明扼要。

记账凭证的摘要栏是填写经济业务简要说明的,摘要应与原始凭证内容一致,能正确反映经济业务的主要内容,既要防止简而不明,又要防止过于繁琐。应使阅读者通过摘要就能了解该项经济业务的性质、特征,判断出会计分录的正确与否,一般不需要再去翻阅原始凭证或询问有关人员。

(7)分录正确。

会计分录是记账凭证中重要的组成部分,在记账凭证中,要正确编制会计分录并保持借贷平衡,就必须根据国家统一会计制度的规定和经济业务的内容,正确使用会计科目,不得任意简化或改动。应填写会计科目的名称,或者同时填写会计科目的名称和会计科目编号,不应只填编号,不填会计名称。应填明总账科目和明细科目,以便于登记总账和明细分类账。会计科目的对应关系要填写清楚,应先借后贷,一般填制一借一贷、一借多贷或者多借一贷的会计分录。但如果某项经济业务本身就需要编制一个多借多贷的会计分录时,也可以填制多借多贷的会计分录,以集中反映该项经济业务的全过程。填入金额数字后,要在记账凭证的合计行计算填写合计金额。记账凭证中借、贷方的金额必须相等,合计数必须计算正确。

(8)空行注销。

填制记账凭证时,应按行次逐行填写,不得跳行或留有空行。记账凭证填完经济业务后,如有空行,应当在金额栏自最后一笔金额数字下的空行至合计数上的空行处划斜线或"～"行线注销。

(9)填错更改。

填制记账凭证时如果发生错误,应当重新填制。已经登记入账的记账凭证在当年内发生错误的,如果是使用的会计科目或记账凭证方向有错误,可以用红字金额填制一张与原始凭证内容相同的记账凭证,在摘要栏注明"注销某月某日某号凭证"字样,同时再用蓝字重新填制一张正确的记账凭证,在摘要栏注明"更正某月某日某号凭证"字样;如果会计科目和记账方向都没有错误,只是金额错误,可以按正确数字和错误数字之间的差额,另编一张调整的记账凭证,调增金额用蓝数字,调减金额用红数字。发现以前年度的金额有错误时,应当用蓝字填制一张更正的记账凭证。

记账凭证中,文字、数字和货币符号的书写要求,与原始凭证相同。实行会计电算化的单位,其机制记账凭证应当符合对记账凭证的基本要求,打印出来的机制凭证上,要加盖制单人员、审核人员、记账人员和会计主管人员印章或者签字,以明确责任。

2. 记账凭证的填制方法

(1)单式记账凭证的填制。

单式记账凭证,就是在一张凭证上只填列一个会计科目。一项经济业务的会计分录涉及几个会计科目,就填几张记账凭证。为了保持会计科目间的对应关系,便于核对,在填制一个会计分录时编一个总号,再按凭证张数编几个分号,如第 4 笔经济业务涉及三个会计科目,编号则为 $4\frac{1}{3}$、$4\frac{2}{3}$、$4\frac{3}{3}$。

单式记账凭证中,填列借方账户名称的称为借项记账凭证,填列贷方账户名称的称为贷项记账凭证。为了便于区别,两者常用不同的颜色印制。

(2)复式记账凭证的填制。

复式记账凭证就是在一张记账凭证上记载一笔完整的经济业务所涉及的全部会计科目。

为了清晰地反映经济业务的来龙去脉,不应将不同的经济业务合并填制。

①收款凭证的填制。

收款凭证是根据审核无误的现金和银行存款收款业务的原始凭证编制的。收款凭证左上角的"借方科目",按收款的性质填写"现金"或者"银行存款";日期填写的是编制本凭证的日期;右上角填写编制收款凭证顺序号;"摘要栏"简明扼要地填写经济业务的内容梗概;"贷方科目"栏内填写与收入"现金"或"银行存款"科目相对应的总账科目及所属明细科目;"金额"栏内填写实际收到的现金或银行存款的数额,各总账科目与所属明细科目的应贷金额,应分别填写在与总账科目或明细科目同一行的"总账科目"或"明细科目"金额栏内;"金额"栏的合计数,只合计"总账科目"金额,表示借方科目"现金"或"银行存款"的金额;"记账"栏供记账人员在根据收款凭证登记有关账簿后作记号用,表示已经记账,防止经济业务事项的重记或漏记;该凭证右边"附件   张"根据所附原始凭证的张数填写;凭证最下方有关人员签章处供有关人员在履行了责任后签名或签章,以明确经济责任。

②付款凭证的填制。

付款凭证是根据审核无误的现金和银行付款业务的原始凭证编制的。付款凭证的左上角"贷方科目",应填列"现金"或者"银行存款","借方科目"栏应填写与"现金"或"银行存款"科目相对应的总账科目及所属的明细科目。其余各部分的填制方法与收款凭证基本相同,在此不再述及。

③转账凭证的填制。

转账凭证是根据审核无误的不涉及现金和银行存款收付的转账业务的原始凭证编制的。转账凭证的"会计科目"栏应按照先借后贷的顺序分别填写应借应贷的总账科目及所属的明细科目;借方总账科目及所属明细科目的应记金额,应在与科目同一行的"借方金额"栏内相应栏次填写,贷方总账科目及所属明细科目的应记金额,应在与科目同一行的"贷方金额"栏内相应栏次填写;"合计"行只合计借方总账科目金额和贷方总账科目金额,借方总账科目金额合计数与贷方总账金额合计数应相等。

➤ 5.3.4 记账凭证的审核

记账凭证编制以后,必须由专人进行审核,借以监督经济业务的真实性、合法性和合理性,并检查记账凭证的编制是否符合要求。特别要审核最初证明经济业务实际发生、完成的原始凭证。因此,对记账凭证的审核是一项严肃细致、政策性很强的工作。只有做好这项工作才能正确地发挥会计反映和监督的作用。记账凭证审核的基本内容包括以下几项:

1. 内容是否真实

审核记账凭证是否有原始凭证为依据,所附原始凭证的内容是否与记账凭证的内容一致,记账凭证汇总表的内容与其所依据的记账凭证的内容是否一致等。

2. 项目是否齐全

审核记账凭证各项目的填写是否齐全,如日期、凭证编号、摘要、金额、所附原始凭证张数及有关人员签章等。

3. 科目是否准确

审核记账凭证的应借、应贷科目是否正确,是否有明确的账户对应关系,所使用的会计科目是否符合国家统一的会计制度的规定等。

4. 金额是否正确

审核记账凭证所记录的金额与原始凭证的有关金额是否一致、计算是否正确,记账凭证汇总表的金额与记账凭证的金额合计是否相符等。

5. 书写是否规范

审核记账凭证中的记录是否文字工整、数字清晰,是否按规定进行更正等。

在审核过程中,如果发现不符合要求的地方,应要求有关人员采取正确的方法进行更正。只有经过审核无误的记账凭证,才能作为登记账簿的依据。

5.4 会计凭证的传递与保管

➤ 5.4.1 会计凭证的传递

会计凭证的传递,是指从会计凭证取得或填制起至归档保管时止,在单位内部有关部门和人员之间按照规定的时间、程序进行处理的过程。各种会计凭证所记载的经济业务不同,涉及的部门和人员不同,办理的业务手续也不同,因此,应当为各种会计凭证规定一个合理的传递程序,即一张会计凭证填制后应交到哪个部门、哪个岗位,由谁办理业务手续等,直到归档保管为止。

1. 会计凭证传递的意义

正确组织会计凭证的传递,对于提高会计核算资料的及时性、正确组织经济活动、加强经济责任、实行会计监督具有重要意义。

(1)正确组织会计凭证的传递,有利于提高工作效率。

正确组织会计凭证的传递,能够及时、真实反映和监督各项经济业务的发生和完成情况,为经济管理提供可靠的经济信息。例如,材料运到企业后,仓库保管员应在规定的时间内将材料验收入库,填制"收料单",注明实收数量等情况,并将"收料单"及时送到财会部门及其他有关部门。财会部门接到"收料单",经审核无误,就应及时编制记账凭证和登记账簿,生产部门得到该批材料已验收入库凭证后,便可办理有关领料手续,用于产品生产等。如果仓库保管员未按时填写"收料单"或虽填写"收料单"但没有及时送到有关部门,就会给人以材料尚未入库的假象,影响企业生产正常进行。

(2)正确组织会计凭证的传递,能更好地发挥会计监督作用。

正确组织会计凭证的传递,便于有关部门和个人分工协作,相互牵制,加强岗位责任制,更好地发挥会计监督作用。例如,从材料运到企业验收入库,需要多少时间,由谁填写"收料单",何时将"收料单"送到供应部门和财会部门,会计部门收到"收料单"后由谁进行审核,并同供应部门的发货票进行核对,由谁何时编制记账凭证和登记账簿,由谁负责整理保管凭证等。这样就把材料收入业务验收入库到登记入账的全部工作,在本单位内部进行分工合作,共同完成。同时可以考核经办业务的有关部门和人员是否按规定的会计手续办理,从而加强经营管理,提高工作质量。

2. 会计凭证传递的基本要求

各单位的经营业务性质是多种多样的,各种经营业务又有各自的特点,所以办理各项经济业务的部门和人员以及办理凭证所需要的时间、传递程序也必然各不相同。这就要求每个单位都必须根据自己的业务特点和管理特点,由单位领导会同会计部门及有关部门共同设计制定出一套会计凭证的传递程序,使各个部门保证有序、及时地按规定的程序处理凭证传递。各单位在设计制定会计凭证传递时,应注意以下几个问题:

(1)根据经济业务的特点、机构设置和人员分工情况,明确会计凭证的传递程序。

由于企业生产经营业务的内容不同,企业管理的要求也不尽相同。在会计凭证的传递过程中,要根据具体情况,确定每一种凭证的传递程序和方法。合理制定会计凭证所经过的环节,规定每个环节负责传递的相关责任人员,规定会计凭证的联数以及每一联凭证的用途。做到既可使各有关部门和人员了解经济活动情况、及时办理手续,又可避免凭证经过不必要的环节,以提高工作效率。

(2)规定会计凭证经过每个环节所需要的时间,以保证凭证传递的及时性。

会计凭证的传递时间,应考虑各部门和有关人员的工作内容和工作量在正常情况下完成的时间,明确规定各种凭证在各个环节上停留的最长时间,不能拖延和积压会计凭证,以免影响会计工作的正常程序。一切会计凭证的传递和处理,都应在报告期内完成,不允许跨期,否则将影响会计核算的准确性和及时性。

会计凭证在传递过程中的衔接手续,应该做到既完备、严密,又简单易行。凭证的收发、交接都应当按一定的手续制度办理,以保证会计凭证的安全和完整。会计凭证的传递程序、传递时间和衔接手续明确后,制定凭证传递程序,规定凭证传递路线、环节及在各个环节上的时间、处理内容及交接手续,使凭证传递工作有条不紊、迅速而有效进行。

➤ 5.4.2 会计凭证的保管

会计凭证的保管是指会计凭证记账后的整理、装订、归档和存查工作。

会计凭证是记录经济业务、明确经济责任、具有法律效力的证明文件,又是登记账簿的依据,所以,它是重要的经济档案和历史资料。任何企业在完成经济业务手续和记账之后,必须按规定立卷归档,形成会计档案资料,妥善保管,以便日后随时查阅。

会计凭证整理保管的要求有:

(1)各种记账凭证,连同所附原始凭证和原始凭证汇总表,要分类按顺序编号,定期(一天、五天、十天或一个月)装订成册,并加具封面、封底,注明单位名称、凭证种类、所属年月和起讫日期、起止号码、凭证张数等。为防止任意拆装,应在装订处贴上封签,并由经办人员在封签处加盖骑缝章。

(2)对一些性质相同、数量很多或各种随时需要查阅的原始凭证,可以单独装订保管,在封面上写明记账凭证的时间、编号、种类,同时在记账凭证上注明"附件另订"。

(3)各种经济合同和重要的涉外文件等凭证,应另编目录,单独登记保管,并在有关原始凭证和记账凭证上注明。

(4)其他单位因有特殊原因需要使用原始凭证时,经本单位领导批准,可以复制,但应在专门的登记簿上进行登记,并由提供人员和收取人员共同签章。

(5)会计凭证装订成册后,应有专人负责分类保管,年终应登记归档。会计凭证的保管期限和销毁手续,应严格按照《会计档案管理办法》进行管理。

(6)会计凭证在归档后,应按年月日顺序排列,以便查阅。对已归档凭证的查阅、调用和复制,都应得到批准,并办理一定的手续。会计凭证在保管中应防止霉烂破损和鼠咬虫蛀,以确保其安全和完整。

本章小结

1. 会计凭证是记录经济业务、明确经济责任的书面证明，也是登记账簿的依据。填制和审核会计凭证是会计核算的方法之一，也是会计核算工作的基础。填制和审核会计凭证在经济管理中具有重要作用。

2. 会计凭证按照编制的程序和用途不同，分为原始凭证和记账凭证。原始凭证是在经济业务发生或完成时由相关人员取得或填制的，用以记录或证明经济业务发生或完成情况并明确有关经济责任的一种原始凭据。任何经济业务发生都必须填制和取得原始凭证，原始凭证是会计核算的原始依据。记账凭证是财会部门根据审核无误的原始凭证进行归类、整理，记载经济业务简要内容，确定会计分录的会计凭证。

3. 记账凭证编制以后，必须由专人进行审核，借以监督经济业务的真实性、合法性和合理性，并检查记账凭证的编制是否符合要求。特别要审核最初证明经济业务实际发生、完成的原始凭证。因此，对记账凭证的审核是一项严肃细致、政策性很强的工作。

4. 会计凭证的传递，是指从会计凭证取得或填制起至归档保管时止，在单位内部有关部门和人员之间按照规定的时间、程序进行处理的过程。各种会计凭证所记载的经济业务不同，涉及的部门和人员不同，办理的业务手续也不同，因此，应当为各种会计凭证规定一个合理的传递程序，即一张会计凭证填制后应交到哪个部门、哪个岗位，由谁办理业务手续等，直到归档保管为止。

复习思考题

1. 会计凭证有何意义和作用？
2. 原始凭证包括哪些基本内容？
3. 依不同的标准，原始凭证可分为哪几种？
4. 如何审核原始凭证？
5. 记账凭证包括哪些基本内容？
6. 依不同的标准，记账凭证可分为哪几种？
7. 记账凭证的填制要求是什么？
8. 应从哪些方面审核记账凭证？
9. 原始凭证和记账凭证有何异同？

实务训练题

1. 目的：练习编制记账凭证。
2. 资料：某工业企业 2014 年 8 月发生下列主要经济业务：
(1)8 月 2 日，行政部门王东借支差旅费 2 000 元，以现金支付。
(2)8 月 7 日，从 A 公司购进甲材料 50 000 元，增值税税率为 17%，货款未付。
(3)8 月 10 日，以转账支票支付购进甲材料运输费 3 600 元。

(4)8 月 12 日,从银行提取现金 8 600 元。

(5)8 月 16 日,从 A 公司购进甲材料已到达验收入库,按实际成本予以转账。

(6)8 月 21 日,车间领用甲材料 16 700 元用于生产甲产品。

(7)8 月 28 日,提取本月生产用固定资产折旧 37 200 元。

(8)8 月 28 日,行政部门王东报销差旅费 1 820 元,并退回现金 180 元。

(9)8 月 29 日,摊销本月财产保险费 1 360 元。

(10)8 月 31 日,以银行存款支付非生产用电费 850 元,水费 1 200 元。

3.要求:

(1)根据上述资料确定应填制的专用记账凭证的种类。

(2)根据上述资料填制专用记账凭证。

第6章

会计账簿

6.1 会计账簿概述

会计账簿,是指由一定格式账页组成的,以经过审核的会计凭证为依据,全面系统连续地记录各项经济业务的账簿。在形式上,会计账簿是若干账页的组合;在实质上,会计账簿是会计信息形成的重要环节,是会计资料的主要载体之一,也是会计资料的重要组成部分。

会计账簿是账户的表现形式,两者既有区别又有联系。账户是在账簿中以规定的会计科目开设户头,用以规定不同的账簿所记录的内容,账户存在于账簿之中,账簿中的每一账页就是账户的存在形式和信息载体。如果没有账户也就没有所谓的账簿;如果没有账簿,账户也成了一种抽象的东西,无法存在。但是账簿只是一种外在形式,账户才是它的真实内容。账簿序时分类地记载经济业务,是在个别账户中完成的,也可以说,账簿是由若干张账页组成的一个整体,而开设于账页上的账户则是这个整体上的个别部分。因此,账簿和账户的关系是形式和内容的关系。

➤ 6.1.1 会计账簿的意义

各单位每发生一项经济业务,都必须取得或填制原始凭证,并根据审核无误的原始凭证及有关资料填制记账凭证。通过记账凭证的填制和审核,可以反映和监督单位每一项经济业务的发生和完成情况。但是由于会计凭证数量多,格式不一,所提供的资料比较分散,缺乏系统性,每张凭证一般只能反映个别经济业务的内容。为了连续、系统、全面地反映单位在一定时期内的某一类和全部经济业务及其引起的资产与权益的增减变化情况,给经济管理提供完整而系统的会计核算资料,并为编制会计报表提供依据,就需要设置会计账簿,即把分散在会计凭证中的大量核算资料加以集中和归类整理,分门别类地记录在账簿中。因此,每一单位都应按照国家统一的会计制度和会计业务的需要设置和登记会计账簿。通过账簿记录,既能对经济活动进行序时核算,又能进行分类核算;既可提供各项总括的核算资料,又可提供明细核算资料。

合理地设置和登记账簿,能系统地记录和提供企业经济活动的各种数据。它对加强企业经济核算,改善和提高企业经营管理有着重要意义,主要表现在以下三个方面:

(1)通过设置和登记账簿,可以系统地归纳和积累会计核算的资料,为改善企业经营管理,合理使用资金提供资料。通过账簿的序时核算和分类核算,把企业承包经营情况,收入的构成和支出的情况,财物的购置、使用、保管情况,全面、系统地反映出来,用于监督计划、预算的执行情况和资金的合理有效使用,促使企业改善经营管理。

（2）通过设置和登记账簿，可以为计算财务成果编制会计报表提供依据。根据账簿记录的费用、成本和收入、成果资料，可以计算一定时期的财务成果，检查费用、成本、利润计划的完成情况。经核对无误的账簿资料及其加工的数据为编制会计报表提供总括和具体的资料，是编制会计报表的主要依据。

（3）通过设置和登记账簿，利用账簿的核算资料，为开展财务分析和会计检查提供依据。通过对账簿资料的检查、分析，可以了解企业贯彻有关方针、政策、制度的情况，据以考核各项计划的完成情况。另外，对资金使用是否合理，费用开支是否符合标准，经济效益有无提高，利润的形成与分配是否符合规定等作出分析、评价，从而找出差距，挖掘潜力，提出改进措施。

▶ 6.1.2　会计账簿的分类

在会计账簿体系中，有各种不同功能和作用的账簿，它们既各自独立又相互补充。为了便于了解和使用，必须从不同的角度对会计账簿进行分类。

1. 会计账簿按用途分类

会计账簿按其用途不同，可以分为序时账簿、分类账簿和备查账簿。

序时账簿，又称日记账，是按经济业务发生或完成时间的先后顺序进行登记的账簿。按其记录的内容不同，序时日记账又分为普通日记账和特种日记账。

普通日记账是指用来逐笔记录全部经济业务的序时账簿。即把每天发生的各项经济业务逐日逐笔地登记在日记账中，并确定会计分录，然后据以登记分类账。

特种日记账是用来逐笔记录某一经济业务的序时账簿。目前在我国，大多数单位一般只设现金日记账和银行存款日记账。

分类账簿，是对全部经济业务按照会计要素的具体类别而设置的分类账户进行分类登记的账簿。按照总分类账户分类登记经济业务事项的是总分类账簿，简称总账；按照明细分类账户分类登记经济业务事项的是明细分类账簿，简称明细账。分类账簿提供的核算信息是编制会计报表的主要依据。

在实际工作中，序时账簿和分类账簿还可以结合为一本，既进行序时登记，又进行总分类登记的联合账簿，称为"日记总账"。

备查账簿，简称备查账，是对某些不能在序时账簿和分类账簿等主要账簿中进行登记或者登记不够详细的经济业务事项进行补充登记时使用的账簿，又称为辅助账簿。这些账簿可以对某些经济业务的内容提供必需的参考资料，但是它记录的信息不需编入会计报表中，所以也称表外记录。备查账簿没有固定格式，可由各单位根据管理的需要自行设置与设计。如租入固定资产登记簿、应收票据备查簿、受托加工来料登记簿。

2. 会计账簿按外形特征分类

会计账簿按其外形特征不同，可以分为订本式账簿、活页式账簿和卡片式账簿。

订本式账簿，也称订本账，是指在账簿启用前就把具有账户基本结构并连续编号的若干张账页固定地装订成册的账簿。这种账簿的优点是可以避免账页散失，防止账页被随意抽换，比较安全；其缺点是由于账页固定，不能根据需要增加或减少，不便于按需要调整各账户的账页，也不便于分工记账。这种账簿一般使用于总分类账、现金日记账和银行存款日记账。

活页式账簿，也称活页账，是指年度内账页不固定装订成册，而是将其放置在活页账夹中的账簿。当账簿登记完毕之后（通常是一个会计年度结束之后），才能将账页予以装订，加具封面,并给各账页连续编号。这种账簿的优点是随时取放,便于账页的增加和重新排列,便于分工记账和记账工作电算化;缺点是账页容易散失和被随意抽换。活页账在年度终了时,应及时装订成册,妥善保管。各种明细分类账一般采用活页账式。

卡片式账簿,又称卡片账,是指由许多具有一定格式的卡片组成,存放在一定卡片箱内的账簿。卡片账的卡片一般装在卡片箱内,不用装订成册,随时可存放,也可跨年度长期使用。这种账簿的优点是便于随时查阅,也便于按不同要求归类整理,不易损坏;其缺点是账页容易散失和随意抽换。因此,在使用时应对账页连续编号,并加盖有关人员图章,卡片箱应由专人保管,更换新账后也应封扎保管,以保证其安全。在我国,单位一般只对固定资产和低值易耗品等资产明细账采用卡片账形式。

3.会计账簿按账页的格式分类

会计账簿按其账页的格式不同,可以分为两栏式账簿、三栏式账簿、多栏式账簿、数量金额式账簿和横线登记式账簿。

两栏式账簿,是指只有借方和贷方两个基本金额栏目的账簿。普通日记账一般采用两栏式。

三栏式账簿,是指其账页的格式主要部分为借方、贷方和余额三栏或者收入、支出和余额三栏的账簿。三栏式账簿又可分为设对方科目和不设对方科目两种,其区别是在摘要栏和借方科目栏之间是否有一栏"对方科目"栏。有"对方科目"栏的,称为设对方科目的三栏式账簿;不设"对方科目"栏的,称为不设对方科目的三栏式账簿。它主要适用于各种日记账、总分类账以及资本、债权债务明细账等。

多栏式账簿,是指根据经济业务的内容和管理的需要,在账页的"借方"和"贷方"栏内再分别按照明细科目或某明细科目的各明细项目设置若干专栏的账簿。这种账簿可以按"借方"和"贷方"分别设专栏,也可以只设"借方"专栏,"贷方"的内容在相应的借方专栏内用红字登记,表示冲减。收入、费用明细账一般均采用这种格式的账簿。

数量金额式账簿,是指在账页中分设"借方"、"贷方"和"余额"或者"收入"、"发出"和"结存"三大栏,并在每一大栏内分设数量、单价和金额等三小栏的账簿,数量金额式账簿能够反映出财产物资的实物数量和价值量。原材料和库存商品、产成品等明细账一般采用数量金额式账簿。

横线登记式账簿,是指账页分为借方和贷方两个基本栏目,每一个栏目再根据需要分设若干栏次,在账页两方的同一行记录某一经济业务自始至终所有事项的账簿。它主要适用于需要逐笔结算的经济业务的明细账,如物资采购、应收账款等明细账。

6.2　会计账簿的设置和登记

➤ 6.2.1　会计账簿的基本内容

各种账簿所记录的经济内容不同,账簿的格式又多种多样,不同账簿的格式所包括的具体内容也不尽一致,但各种主要账簿应具备以下基本内容:

(1)封面。封面主要用于表明账簿的名称,如现金日记账、银行日记账、总分类账、应收账款明细账等。

（2）扉页。扉页主要用于载明经管人员一览表，其应填列的内容主要有：经管人员、移交人和移交日期；接管人和接管日期。

（3）账页。账页是用来记录具体经济业务的载体，其格式因记录经济业务内容的不同而有所不同，但每张账页上应载明的主要内容有：账户的名称（即会计科目）；记账日期栏；记账凭证种类和号数栏；摘要栏（经济业务内容的简要说明）；借方、贷方金额及余额的方向、金额栏；总页次和分页次等。

➤ 6.2.2　会计账簿的启用

为了考证会计账簿记录的合法性和会计资料的真实性、完善性，明确经济业务，会计账簿应由专人负责登记。启用会计账簿应遵守以下规则：

1. 认真填写封面及账簿启用和经管人员一览表

启用会计凭证时应在账簿封面上写明单位名称和账簿名称，并在账簿扉页附账簿启用和经管人员一览表（简称启用表）。启用表内容主要包括：账簿名称、启用日期、账簿页数、记账人员和会计机构负责人、会计主管人员姓名，并加盖名章和单位公章。

启用订本式账簿，应当从第一页到最后一页顺序编定页数，不得跳页、缺页。使用活页式账簿，应当按账户顺序编号，并要定期装订成册；装订后再按实际使用的账页顺序编定页码，另加目录，记明每个账户的名称和页次。卡片式账簿在使用前应当登记卡片登记簿。

2. 严格交接手续

记账人员或者会计机构负责人、会计主管人员调动工作时，必须办理账簿交接手续，在账簿启用和经管人员一览表中注明交接日期、交接人员和监交人员姓名，并由双方交接人员签名或者盖章，以明确有关人员的责任，增强有关人员的责任感，维护会计记录的严肃性。

3. 及时结转旧账

每年年初更换新账时，应将旧账的各账户余额过入新账的余额栏，并在摘要栏中注明"上年结转"字样。

➤ 6.2.3　会计账簿的设置原则

会计账簿的设置和登记，包括确定账簿的种类，设计账页的格式、内容，规定账簿登记的方法等。各单位应根据经济业务的特点和管理要求，科学、合理地设置账簿。具体表现为：

（1）账簿的设置必须保证能够全面、系统地核算和监督各项经济活动，为经济管理提供必要的考核指标。

（2）账簿的设置要从各单位经济活动和业务工作特点出发进行设置，以有利于会计分工和加强岗位责任制。

（3）账簿结构要求科学严密，有关账簿之间要有统驭关系或平行制约关系，并应避免重复记账或遗漏。

（4）账簿的格式，要力求简明实用，既要保证会计记录的系统和完整，又要避免过于繁琐，以便于日常使用和保存。账簿的设置要组织严密、层次分明。账簿之间要互相衔接、互相补充、互相制约，能清晰地反映账户间的对应关系，以便能提供完整、系统的资料。

➤ 6.2.4　日记账的设置和登记

日记账有普通日记账和特种日记账两类。

1. 普通日记账

普通日记账是逐日序时登记特种日记账以外的经济业务的账簿。在不设特种日记账的企业,则要序时地逐笔登记企业的全部经济业务,因此普通日记账也称分录簿。

普通日记账一般分为"借方金额"和"贷方金额"两栏,登记每一分录的借方账户和贷方账户及金额,这种账簿不结余额。其格式如表 6-1 所示。

表 6-1　普通日记账

第　　页

年		会计科目	摘要	借方金额	贷方金额	过账
月	日					

2. 特种日记账

常用的特种日记账是现金日记账和银行存款日记账。在企业、行政、事业单位中,现金日记账和银行存款日记账的登记,有利于加强货币资金的日常核算和监督,有利于贯彻执行国家规定的货币资金管理制度。

(1)现金日记账。

现金日记账是用来核算和监督库存现金每日的收入、支出和结存状况的账簿。它由出纳人员根据现金收款凭证、现金付款凭证和银行存款付款凭证,按经济业务发生时间的先后顺序,逐日逐笔进行登记。

现金日记账的结构一般采用"收入""支出""结余"三栏式。现金日记账中的"年、月、日""凭证字号""摘要""对方科目"等栏,根据有关记账凭证登记;"收入"栏根据现金收款凭证和引起现金增加的银行存款付款凭证登记(从银行提取现金,只编制银行存款付款凭证);"支出"栏根据现金付款凭证登记。每日终了应计算全日的现金收入、支出合计数,并逐日结出现金余额,与库存现金实存数核对,以检查每日现金收付是否有误。每月期末,应结出当期"收入"栏和"支出"栏的发生额和期末余额,并与"现金"总分类账户核对一致,做到日清月结、账实相符。如账实不符,应查明原因。现金日记账的格式如表 6-2 所示。

表 6-2　现金日记账

第　　页

年		凭证		对方科目	摘要	收入	支出	结余
月	日	种类	号码					

(2)银行存款日记账。

银行存款日记账是用来核算和监督银行存款每日的收入、支出和结存情况的账簿。它是由出纳人员根据银行存款收款凭证、银行存款付款凭证和现金付款凭证按经济业务发生时间的先后顺序，逐日逐笔进行登记的序时账簿。银行存款日记账应按企业在银行开立的账户和币种分别设置，每个银行存款账户设置一本银行存款日记账。

银行存款日记账的结构一般也采用"收入""支出""结余"三栏式，由出纳人员根据银行存款的收、付款凭证，逐日逐笔按顺序登记。对于将现金存入银行的业务，因习惯上只填制现金付款凭证，不填制银行存款收款凭证，所以此时的银行存款收入数，应根据相关的现金付款凭证登记。另外，因在办理银行存款收付业务时，均根据银行结算凭证办理，为便于和银行对账，银行存款日记账还设有"结算凭证种类和号数"栏，单独列出每项存款收付所依据的结算凭证种类和号数。银行存款日记账和现金日记账一样，每日终了时要结出余额，做到日清，以便检查监督各项收支款项，避免出现透支现象，同时也便于同银行对账单进行核对。银行存款日记账的格式同现金日记账的格式相似。现金日记账和银行存款日记账都必须使用订本账。

▶ 6.2.5 分类账的设置和登记

分类账有总分类账和明细分类账两类。

1. 总分类账

总分类账也称总账，是按总分类账户进行分类登记，全面、总括地反映和记录经济活动情况，并为编制会计报表提供资料的账簿。由于总分类账能全面、总括地反映和记录经济业务引起的资金运动和财务收支情况，并为编制会计报表提供数据，因此任何单位都必须设置总分类账。

总分类账一般采用订本式账，按照会计科目的编码顺序分别开设账户，并为每个账户预留若干账页。由于总分类账只进行货币度量的核算，因此最常用的格式是三栏式，在账页中设置借方、贷方和余额三个基本金额栏。总分类账中的对应科目栏，可以设置也可以不设置。"借或贷"栏是指账户的余额在借方还是在贷方。

总分类账的登记，可以根据记账凭证逐笔登记，也可以通过一定的方式分次或按月一次汇总成汇总记账凭证或科目汇总表，然后据以登记，还可以根据多栏式现金、银行存款日记账在月末时汇总登记。总分类账登记的依据和方法，取决于企业采用的账务处理程序。总分类账的格式如表 6-3 所示。

表 6-3 总分类账

科目名称：　　　　　　　　　　　　　　　　　　　　　　　　　　第　　页

年		凭证号码	对方科目	摘要	借方	贷方	借或贷	余额
月	日							

2. 明细分类账

明细分类账是根据明细账户开设账页，分类、连续地登记经济业务以提供明细核算资料的账簿。根据实际需要，各种明细账分别按二级科目或明细科目开设账户，并为每个账户预留若干账页，用来分类、连续记录有关资产、负债、所有者权益、收入、费用、利润等详细资料。设置和运用明细分类账,有利于加强资金的管理和使用,并可为编制会计报表提供必要的资料,因此各单位在设置总分类账的基础上,还要根据经营管理的需要,按照总账科目设置若干必要的明细账,以形成既能提供经济活动总括情况,又能提供具体详细情况的账簿体系。

明细账的格式,应根据它所反映的经济业务的特点,以及财产物资管理的不同要求来设计,一般有三栏式明细账、数量金额式明细账、多栏式明细账三种。

(1)三栏式明细分类账。

三栏式明细分类账账页的格式同总分类账的格式基本相同,它只设借方、贷方和金额三个金额栏,不设数量栏。所不同的是,总分类账簿为订本账,而三栏式明细分类账簿多为活页账。这种账页适用于采用金额核算的应收账款、应付账款等账户的明细核算。

(2)数量金额式明细账。

数量金额式明细账账页格式在收入、发出、结存三栏内,再分别设置"数量""单价""金额"等栏目,以分别登记实物的数量和金额。其格式如表6-4所示。

表6-4　数量金额式明细分类账

科目名称:　　　品名:　　规格:　　　　　　　　　　　　　　　　　第　页

年		凭证		摘要	收入			发出			结存		
月	日	种类	号码		数量	单价	金额	数量	单价	金额	数量	单价	金额

数量金额式明细账适用于既要进行金额明细核算,又要进行数量明细核算的财产物资项目。如"原材料""库存商品"等账户的明细核算。它能提供各种财产物资收入、发出、结存等的数量和金额资料,便于开展业务和加强管理的需要。

(3)多栏式明细分类账。

多栏式明细分类账是根据经济业务的特点和经营管理的需要,在一张账页的借方栏或贷方栏设置若干专栏,集中反映有关明细项目的核算资料。它主要适用于只记金额、不记数量,而且在管理上需要了解其构成内容的费用、成本、收入、利润账户,如"生产成本""制造费用""管理费用""主营业务收入"等账户的明细分类账。"本年利润""利润分配""应交税金——应交增值税"等科目所属明细科目则需采用借、贷方均为多栏式的明细账。

多栏式明细账的格式视管理需要而多种多样。它在一张账页上,按明细科目分设若干专栏,集中反映有关明细项目的核算资料。如"制造费用明细账",它在借方栏下,可分设若干专栏,如:工资和福利费、折旧费、修理费、办公费等。其格式见表6-5所示。

表6-5　制造费用明细账

年		凭证		摘要	借方						贷方	金额
月	日	种类	号码		工资	福利费	折旧费	办公费	水电费	其他		

企业发生的制造费用,借记本科目;分配计入有关成本核算对象时,贷记本科目。除季节性生产企业外,本科目月末应无余额。这类账页,多用于关于费用、成本、收入、成果类科目的明细核算。

多栏式明细分类账是由会计人员根据审核无误的记账凭证或原始凭证,按照经济业务发生的时间先后顺序逐日逐笔进行登记的,对于成本费用类账户,只在借方设专栏,平时在借方登记费用、成本发生额,贷方登记月末将借方发生额一次转出的数额。平时如发生贷方发生额,应用"红字"在借方有关栏内登记,表示应从借方发生额中冲减。同样,对于收入、成果类账户,只在贷方设专栏,平时在贷方登记收入的发生额,借方登记月末将贷方发生额一次转入"本年利润"的数额,若平时发生退货,应用"红字"在贷方有关栏内登记。

各种明细账的登记方法,应根据本单位业务量的大小和经营管理上的需要,以及所记录的经济业务内容而定,可以根据原始凭证、汇总原始凭证或记账凭证逐笔登记,也可以根据这些凭证逐日或定期汇总登记。

6.3 记账规则与错账更正

➢ 6.3.1 记账规则

1.根据审核无误的会计凭证登记账簿
记账的依据是会计凭证,记账人员在登记账簿之前,应当首先审核会计凭证的合法性、完整性和真实性,这是确保会计信息的重要措施。

2.记账时要做到准确完整
记账人员记账时,应当将会计凭证的日期、编号、经济业务内容摘要、金额和其他有关资料计入账内。每一会计事项,要按平行登记方法,一方面计入有关总账,另一方面计入总账所属的明细账,做到数字准确、摘要清楚、登记及时、字迹清晰工整。记账后,要在记账凭证上签章并注明所记账簿的页数,或划"√"表示已经登记入账,避免重记、漏记。

3.书写不能占满格
为了便于更正记账和方便查账,登记账簿时,书写的文字和数字上面要留有适当的空格,不要写满格,一般应占格距的1/2,最多不能超过2/3。

4.顺序连续登记
会计账簿应当按照页次顺序连续登记,不得跳行、隔页。如果发生跳行、隔页的,应当将空行、空页用红色墨水对角划线注销,并注明"作废"字样,或者注明"此行空白""此页空白"字样,并由经办人员盖章,以明确经济责任。

5.正确使用蓝黑墨水和红墨水
登记账簿要用蓝黑墨水或碳素墨水书写,不得使用圆珠笔或者铅笔书写。这是因为,各种账簿归档保管年限,国家规定一般都在10年以上,有些关系到重要经济资料的账簿,则要长期保管,因此要求账簿记录保持清晰、耐久,以便长期查核使用,防止涂改。红色墨水只能在以下情况下使用:冲销错账;在未设贷等栏的多栏式账页中,登记减少数;在三栏式账户的余额栏前,如未印明余额方向的,在余额栏内登记负数余额;根据国家统一会计制度的规定可以使用红字登记的其他会计记录。在会计上,书写墨水的颜色用错了,会传递错误的信息,红色表示对正常记录的冲减。因此,红色墨水不能随意使用。

6.结出余额

凡需要结出余额的账户,应按时结出余额,现金日记账和银行日记账必须逐日结出余额;债权债务明细账和各项财产物资明细账,每次记账后,都要随时结出余额;总账账户平时每月需要结出月末余额。结出余额后,应当在"借或贷"栏内写明"借"或者"贷"字样,以说明余额的方向。没有余额的账户,应当在"借或贷"栏内写"平"字,并在余额栏内用"0"表示,一般来说,"0"应放在"元"位。

7.过次承前

各账户在一张账页记满时,要在该账页的最末一行加计发生额合计数和结出余额,并在该行"摘要"栏注明"过次页"字样;然后,再把这个发生额合计数和余额填列在下一页的第一行内,并在"摘要"栏内注明"承前页",以保证账簿记录的连续性。

8.账簿记录错误应按规定的办法更正

账簿记录发生错误时,不得刮、擦、挖、补,随意涂改或用褪色药水更改字迹,应根据错误的情况,按规定的方法进行更正。

➤ 6.3.2　错账更正

登记会计账簿是一项很细致的工作。在记账工作中,可能由于种种原因会使账簿记录发生错误,有的是填制凭证和记账时发生的单纯笔误,有的是写错了会计科目、金额等,有的是合计时计算错误,有的是过账错误。登记账簿中发生的差错,一经查出就应立即更正。对于账簿记录错误,不准涂改、挖补、刮擦或者用药水消除字迹,不准重新抄写,而必须根据错误的具体情况和性质,采用规范的方法予以更正。错账更正方法通常有划线更正法、红字更正法和补充登记法等几种。

1.划线更正法

记账凭证填制正确,在记账或结账过程中发现账簿记录中文字或数字有错误,应采用划线更正法。具体做法是:先在错误的文字或数字上划一条红线,表示注销,划线时必须使原有字迹仍可辨认;然后将正确的文字或数字用蓝字写在划线处的上方,并由记账人员在更正处盖章,以明确责任。对于文字的错误,可以只划去错误的部分,并更正错误的部分,对于错误的数字,应当全部划红线更正,不能只更正其中的个别错误数字。例如,把"3 457"元误记为"8 457"元时,应将错误数字"8 457"全部用红线注销后,再写上正确的数字"3 457",而不是只删改一个"8"字。如记账凭证中的文字或数字发生错误,在尚未过账前,也可用划线更正法更正。

2.红字更正法

在记账以后,如果发现记账凭证中应借、应贷科目或金额发生错误时,可以用红字更正法进行更正。具体做法是:先用红字金额,填写一张与错误记账凭证内容完全相同的记账凭证,且在摘要栏注明"更正某月某日第×号凭证",并据以用红字金额登计入账,以冲销账簿中原有的错误记录,然后再用蓝字重新填制一张正确的记账凭证,登计入账。这样,原来的错误记录便得以更正。(注:本教材中用方框代表红色)

红字更正法一般适用于以下两种情况错账的更正:

(1)记账后,如果发现记账凭证中的应借、应贷会计科目有错误,那么可以用红字更正法予以更正。

【例6-1】 A车间领用甲材料2 000元用于一般消耗。

①填制记账凭证时，误将借方科目写成"生产成本"，并已登计入账。原错误记账凭证为：

借：生产成本　　　　　2 000

　贷：原材料　　　　　　　　2 000

②发现错误后，用红字填制一张与原错误记账凭证内容完全相同的记账凭证。

借：生产成本　　　　　 2 000

　贷：原材料　　　　　　　 2 000

③用蓝字填制一张正确的记账凭证。

借：制造费用　　　　　2 000

　贷：原材料　　　　　　　　2 000

（2）记账后，如果发现记账凭证和账簿记录中应借、应贷的账户没有错误，只是所记金额大于应记金额。对于这种账簿记录的错误，更正的方法是：将多记的金额用红字填制一张与原错误记账凭证会计科目相同的记账凭证，并在摘要栏注明"更正某月某日第×号凭证"，并据以登计入账，以冲销多记的金额，使错账得以更正。

【例6-2】 仍以例6-1为例，假设在编制记账凭证时应借、应贷账户没有错误，只是金额由2 000元写成了20 000元，并且已登计入账。

借：制造费用　　　　　20 000

　贷：原材料　　　　　　20 000

该笔业务只需用红字更正法编制一张记账凭证将多记的金额18 000元用红字冲销即可。编制的记账凭证为：

借：制造费用　　　　　 18 000

　贷：原材料　　　　　　 18 000

3.补充登记法

在记账之后，如果发现记账凭证中应借、应贷的账户没有错误，但所记金额小于应记金额，造成账簿中所记金额也小于应记金额，这种错账应采用补充登记法进行更正。更正的方法是：将少记金额用蓝笔填制一张与原错误记账凭证会计科目相同的记账凭证，并在摘要栏内注明"补记某月某日第×号凭证"并予以登计入账，补足原少记金额，使错账得以更正。

【例6-3】 仍以例6-1为例，假设在编制记账凭证时应借、应贷账户没有错误，只是金额由2 000元写成了200元，并且已登计入账。

借：制造费用　　　　　200

　贷：原材料　　　　　　　200

该笔业务只需用补充登记法编制一张记账凭证将少记的金额1 800元补足便可。其记账凭证为：

借：制造费用　　　　　1 800

　贷：原材料　　　　　　　1 800

错账更正的红字更正法和补充登记法都是用来更正因记账凭证错误而产生的记账错误，

如果非因记账凭证的差错而产生的记账错误,只能用划线更正法更正。

以上三种方法是对当年内发现填写记账凭证或者登记账错误而采用的更正方法,如果发现以前年度记账凭证中有错误(指会计科目和金额)并导致账簿登记出现差错,应当用蓝字或黑字填制一张更正的记账凭证。因错误的账簿记录已经在以前会计年度终了进行结账或决算,不可能将已经决算的数字进行红字冲销,只能用蓝字或黑字凭证对除文字外的一切错误进行更正,并在更正凭证上特别注明"更正××年度错账"的字样。

6.4　对账和结账

登记账簿作为会计核算的方法之一,它除了包括记账外,还包括对账和结账两项工作。

➤ 6.4.1　对账

对账,就是核对账目,是保证会计账簿记录质量的重要程序。在会计工作中,由于种种原因,难免会发生记账、计算等差错,也难免会出现账实不符的现象。为了保证各账簿记录和会计报表的真实、完整和正确,如实地反映和监督经济活动,各单位必须做好对账工作。

账簿记录的准确与真实可靠,不仅取决于账簿的本身,还涉及账簿与凭证的关系,账簿记录与实际情况是否相符的问题等。所以,对账应包括账簿与凭证的核对、账簿与账簿的核对、账簿与实物的核对。把账簿记录的数字核对清楚,做到账证相符、账账相符和账实相符。对账工作至少每年进行一次。对账的主要内容有:

1. 账证核对

账证核对是指将会计账簿记录与会计凭证包括记账凭证和原始凭证有关内容进行核对。由于会计账簿是根据会计凭证登记的,两者之间存在勾稽关系,因此,通过账证核对,可以检查、验证会计账簿记录与会计凭证的内容是否正确无误,以保证账证相符。各单位应当定期将会计账簿记录与其相应的会计凭证记录(包括时间、编号、内容、金额、记录方向等)逐项核对,检查是否一致。如有不符之处,应当及时查明原因,予以更正。保证账证相符,是会计核算的基本要求之一,也是账账相符、账实相符和账表相符的基础。

2. 账账核对

账账核对是指将各种会计账簿之间相对应的记录进行核对。由于会计账簿之间相对应的记录存在着内在联系,因此,通过账账相对,可以检查、验证会计账簿记录的正确性,以便及时发现错账,予以更正,保证账账相符。账账核对的内容主要包括:

(1)总分类账各账户借方余额合计数与贷方余额合计数核对相符。

(2)总分类账各账户余额与其所属明细分类账各账户余额之和核对相符。

(3)现金日记账和银行存款日记账的余额与总分类账中"现金"和"银行存款"账户余额核对相符。

(4)会计部门有关财产物资的明细分类账余额与财产物资保管或使用部门登记的明细账核对相符。

3. 账实核对

账实核对是在账账核对的基础上,将各种财产物资的账面余额与实存数额进行核对。由于实物的增减变化、款项的收付都要在有关账簿中如实反映,因此,通过会计账簿记录与实物、款项的实有数进行核对,可以检查、验证款项、实物会计账簿记录的正确性,以便于及时发现财产物资和货币资金管理中存在的问题,查明原因,分清责任,改善管理,保证账实相符。账实核对的主要内容包括:

(1)现金日记账账面余额与现金实际库存数核对相符。

(2)银行存款日记账账面余额与开户银行对账单核对相符。

(3)各种材料、物资明细分类账账面余额与实存数核对相符。

(4)各种债权债务明细账账面余额与有关债权、债务单位或个人的账面记录核对相符。

实际工作中,账实核对一般要结合财产清查进行。有关财产清查的内容和方法将在以后的章节介绍。

➤ 6.4.2 结账

结账,是在把一定时期内发生的全部经济业务登计入账的基础上,按规定的方法将各种账簿的记录进行小结,计算并记录本期发生额和期末余额。

为了正确反映一定时期内在账簿中已经记录的经济业务,总结有关经济活动和财务状况,为编制会计报表提供资料,各单位应在会计期末进行结账。会计期间一般按日历时间划分为年、季、月,结账于各会计期末进行,所以它可分为月结、季结、年结。

1.结账的基本程序

结账前,必须将属于本期内发生的各项经济业务和应由本期受益的收入、负担的费用全部登计入账。在此基础上,才可保证结账的有用性,确保会计报表的正确性。不得把将要发生的经济业务提前入账,也不得把已经在本期发生的经济业务延至下期(甚至以后期)入账。结账的基本程序具体表现为:

(1)将本期发生的经济业务事项全部登计入账,并保证其正确性。

(2)根据权责发生制的要求,调整有关账项,合理确定本期应计的收入和应计的费用。

①应计收入和应计费用的调整。

应计收入是指那些已在本期实现、因款项未收而未登计入账的收入。企业发生的应计收入,主要是本期已经发生且符合收入确认标准,但尚未收到相应款项的商品或劳务。对于这类调整事项,应确认为本期收入,借记"应收账款"等科目,贷记"营业收入"等科目;待以后收妥款项时,再借记"现金"或"银行存款"等科目,贷记"应收账款"等科目。

②收入分摊和成本分摊的调整。

收入分摊是指企业已经收取有关款项,但未完成或未全部完成销售商品或提供劳务,需在期末按本期已完成的比例,分摊确认本期已实现收入的金额,并调整以前预收款项时形成的负债,如企业销售商品预收定金、提供劳务预收佣金。在收到预收款项时,应借记"银行存款"等科目,贷记"预收账款"等科目;在以后提供商品或劳务、确认本期收入时,借记"预收账款"等科目,贷记"营业收入"等科目。

成本分摊是指企业的支出已经发生、能使若干个会计期间受益,为正确计算各个会计期间的盈亏,将这些支出在其受益期间进行分配。如企业已经支出,但应由本期或以后各期负担的待摊费用,购建固定资产和无形资产的支出等。企业在发生这类支出时,应借记"待摊费用""固定资产""无形资产"等科目,贷记"银行存款"等科目。在会计期末进行摊销时,应借记"制造费用""管理费用""销售费用"等科目,贷记"待摊费用""累计折旧""累计摊销"等科目。

(3)将损益类账户转入"本年利润"账户,结平所有损益类账户。

(4)结算出资产、负债和所有者权益账户的本期发生额和余额,并结转下期。

2.结账的基本方法

结账时,应当结出每个账户的期末余额。需要结出当月(季、年)发生额的账户,如各项收入、费用账户等,应单列一行登记发生额,在摘要栏内注明"本月(季)合计"或"本年累计"。结出余额后,应在余额前的"借或贷"栏内写"借"或"贷"字样,没有余额的账户,应在余额栏前的"借或贷"栏内写"平"字,并在余额栏内用"0"表示。为了突出本期发生额及期末余额,表示本会计期间的会计记录已经截止或者结束,应将本期与下期的会计记录明显分开,结账一般都划"结账线"。划线时,月结、季结用单线,年结划双线。划线应划红线并应划通栏线,不能只在账页中的金额部分划线。

结账时应根据不同的账户记录,分别采用不同的结账方法:

(1)总账账户的结账方法。

总账账户平时只需结计月末余额,不需要结计本月发生额。每月结账时,应将月末余额计算出来并写在本月最后一笔经济业务记录的同一行内,并在下面通栏划单红线。年终结账时,为了反映全年各会计要素增减变动的全貌,便于核对账目,要将所有总账账户结计全年发生额和年末余额,在摘要栏内注明"本年累计"字样,并在"本年累计"行下划双红线。

(2)现金日记账、银行存款日记账和需要按月结计发生额的收入、费用等明细账的结账方法。

现金日记账、银行存款日记账和需要按月结计发生额的各种明细账,每月结账时,要在每月的最后一笔经济业务下面通栏划单红线,结出本月发生额和月末余额写在红线下面,并在摘要栏内注明"本月合计"字样,再在下面通栏划单红线。

(3)不需要按月结计发生额的债权、债务和财产物资等明细分类账的结账方法。

对这类明细账,每次记账后,都要在该行余额栏内随时结出余额,每月最后一笔余额即为月末余额。也就是说月末余额就是本月最后一笔经济业务记录的同一行内的余额。月末结账时只需在最后一笔经济业务记录之下通用栏划单红线即可,无需再结计一次余额。

(4)需要结计本年累计发生额的收入、成本等明细账的结账方法。

对这类明细账,先按照按月结计发生额的明细账的月结方法进行月结,再在"本月合计"行下的摘要栏内注明"本年累计"字样,并结出自年初起至本月末止的累计发生额,再在下通栏划单红线。12月末的"本年累计"就是全年累计发生额,全年累计发生额下面通栏划双红线。

(5)年度终了结账方法。

年度终了结账时,有余额的账户,要将其余额结转到下一会计年度,并在摘要栏内注明"结转下年"字样;在下一会计年度新建有关会计账簿的第一行余额栏内填写上年结转的余额,并在摘要栏内注明"上年结转"字样。结转下年时,既不需要编制记账凭证,也不必将余额再计入本年账户的借方或贷方,使本年有余额的账户的余额变为零,而是使有余额的账户的余额如实反映在账户中,以免混淆有余额账户和无余额账户的区别。

若由于会计准则或会计制度改变而需要在新账中改变原有账户名称及其核算内容的,可将年末余额按新会计准则或会计制度的要求编制余额调整分录,或编制余额调整工作底稿,将调整后的账户余额抄入新账的有关账户余额栏内。

6.5 会计账簿的更换和保管

➤ 6.5.1 会计账簿的更换

会计账簿是记录和反映经济业务的重要历史资料和证据。为了使每个会计年度的账簿资料明晰和便于保管,一般来说,总账、日记账和多数明细账要每年更换一次,这些账簿在每年年终按规定办理完毕结账手续后,就应更换、启用新的账簿,并将余额结转计入新账簿中。但有些财产物资明细账和债权、债务明细账,由于材料等财产物资的品种、规格繁多,债权、债务单位也较多,如果更换新账,重抄一遍的工作量相当大,应此,可以跨年度使用,不必每年更换一次。卡片式账簿,如固定资产卡片,以及各种备查账簿,也都可以连续使用。

➤ 6.5.2 会计账簿的保管

会计账簿同会计凭证和会计报表一样,都属于会计档案,是重要的经济档案,各单位必须按规定妥善保管,确保其安全与完整,并充分加以利用。

1. 会计账簿的装订整理

在年度终了更换新账簿后,应将使用过的各种账簿(跨年度使用的账簿除外)按时装订整理立卷。

(1)装订前,首先要按账簿启用和经管人员一览表的使用页数核对各个账户是否相符,账页数是否齐全,序号排列是否连续;然后按会计账簿封面、账簿启用表、账户目录、该账簿按页数顺序排列的账页、装订封底的顺序装订。

(2)对活页账簿,要保留已使用过的账页,将账页数填写齐全,除去空白页并撤掉账夹,用质地好的牛皮纸做封面和封底,装订成册。多栏式、三栏式、数量金额式等活页账不得混装,应按同类业务、同类账页装订在一起。装订好后,应在封面上填明账目的种类,编号卷号,并由会计主管人员和装订人员签章。

(3)装订后会计账簿的封口要严密,封口处要加盖有关印章。封面要齐全、平整,并注明所属年度及账簿名称和编号。不得有折角、缺角、错页、掉页、加空白纸的现象。会计账簿要按保管期限分别编制卷号。

2. 按期移交档案部门进行保管

年度结账后,更换下来的账簿,可暂由本单位财务会计部门保管一年,期满后原则上应由财务会计部门移交本单位档案部门保管。移交时需要编制移交清册,填写交接清单,交接人员按移交清册和交接清单项目核查无误后签章,并在账簿使用日期栏内填写移交日期。

已归档的会计账簿作为会计档案为本单位提供利用,原件不得借出,如有特殊需要,须经上级主管单位或本单位领导、会计主管人员批准,在不拆散原卷册的前提下,可以提供查阅或者复制,并要办理登记手续。

会计账簿是重要的会计档案之一,必须严格按《会计档案管理办法》规定的保管年限妥善保管,不得丢失和任意销毁。通常总账(包括日记总账)和明细账保管期限为15年;日记账保管期限为15年,现金和银行存款日记账保管期限为25年;固定资产卡片账在固定资产报废清理后保管5年;辅助账簿保管期限为15年。实际工作中,各单位可以根据实际利用的经验、规律和特点,适当延长有关会计档案的保管期限,但必须有较为充分的理由。

本章小结

1. 会计账簿,是指由一定格式账页组成的,以经过审核的会计凭证为依据,全面系统连续地记录各项经济业务的账簿。在形式上,会计账簿是若干账页的组合;在实质上,会计账簿是会计信息形成的重要环节,是会计资料的主要载体之一,也是会计资料的重要组成部分。

2. 在会计账簿体系中,有各种不同功能和作用的账簿,它们各自独立又相互补充。为了便于了解和使用,必须从不同的角度对会计账簿进行分类。

3. 登记账簿要用蓝黑墨水或碳素墨水书写,不得使用圆珠笔或者铅笔书写。这是因为各种账簿归档保管年限,国家规定一般都在 10 年以上,有些关系到重要经济资料的账簿,则要长期保管,因此要求账簿记录保持清晰、耐久,以便长期查核使用,防止涂改。

4. 红色墨水只能在以下情况下使用:冲销错账;在未设借贷等栏的多栏式账页中,登记减少数;在三栏式账户的余额栏前,如未印明余额方向的,在余额栏内登记负数余额;根据国家统一会计制度的规定可以使用红字登记的其他会计记录。在会计上,书写墨水的颜色用错了,会传递错误的信息,红色表示对正常记录的冲减。因此,红色墨水不能随意使用。

5. 会计账簿是记录和反映经济业务的重要历史资料和证据。为了使每个会计年度的账簿资料明晰和便于保管,一般来说,总账、日记账和多数明细账要每年更换一次,这些账簿在每年年终按规定办理完毕结账手续后,就应更换、启用新的账簿,并将余额结转计入新账簿中。

复习思考题

1. 简述设置会计账簿的意义和作用。

2. 简述会计账簿的分类。

3. 简述错账的更正方法及适用范围。

4. 什么是结账? 结账工作包括哪些内容?

5. 错账更正的主要方法有哪几种? 各种方法在什么情况下适用? 怎样适用?

实务训练题

1. 目的:练习错账更正的方法。

2. 资料:甲企业会计人员在结账前进行对账时,查找出以下错账:

(1)用银行存款预付建造固定资产的工程价款(通过"在建工程"核算)86 000 元,编制的会计分录为:

借:在建工程　　　　　86 000

　　贷:银行存款　　　　　　86 000

在过账时,"在建工程"账户记录为 68 000 元。

(2)用库存现金支付职工生活困难补助(通过"应付职工薪酬"核算)300 元,编制的会计分录为:

借:管理费用　　　　　300

　　贷:库存现金　　　　　300

(3)计提车间生产用固定资产折旧(涉及累计折旧和制造费用账户)35 000元,编制的会计分录为:

借:制造费用　　　　　35 000

　　贷:累计折旧　　　　　35 000

(4)用库存现金支付工人工资45 000元,编制的会计分录为:

借:应付职工薪酬　　　4 500

　　贷:库存现金　　　　　4 500

3.要求:

(1)指出对上述错账应采用何种更正方法。

(2)编制错账更正的会计分录。

第7章
编制报表前的准备工作

7.1 编表前准备工作的意义和内容

在第五、六章已分别阐述了会计凭证和会计账簿,按照"会计凭证—会计账簿—财务报表"的循环过程,本章应说明财务报表编制前的准备工作。财务报表是会计核算工作的结果,是反映会计主体财务状况、经营成果和财务状况变动情况的书面文件,也是会计部门提供会计信息的重要手段。因此,财务报表必须数字真实,计算准确,内容完整,编报及时。为了保证财务报表的编制满足上述要求,就需要做好编表前的准备工作。

7.1.1 编表前准备工作的意义

(1)要以权责发生制为标准,对账簿记录中的有关收入、费用等账项进行必要的调整,以便正确地反映本期收入和费用,正确计算本期的损益。

(2)以便及时编报报表,以保证会计信息使用者能及时了解和掌握企业的财务状况和经营成果。

(3)以便掌握各项财产物资、债权债务的真实情况,保证报表资料的准确可靠。

7.1.2 编表前准备工作的内容

为了保证会计报表所提供的信息能够满足报表使用者的要求,编制报表前应做好下列准备工作:

1. 期末账项调整

按照权责发生制的原则,正确地划分各个会计期间的收入、费用,为正确地计算结转本期经营成果提供有用的资料。

2. 全面清查资产,核实债务

清查资产核实债务包括:结算款项是否存在,是否与债务债权单位的债权、债务金额一致;各项存货的实存数与账面数是否一致,是否有报废损失和积压物资等;各项投资是否存在,是否按照国家统一会计制度进行确认、计量;各项固定资产的实存数与账面数是否一致,以及需要清查、核实的其他内容。

3. 编制工作底稿

通过工作底稿的编制,汇集编制报表所必需的资料。应该指出编制工作底稿的目的只是为了保证迅速地提供高质量的报表,不是一项必须进行的会计工作。如果能够及时提出准确的报表,也可以不编制工作底稿。

4. 对账

通过对账保证账证、账账、账实相符。

5. 结账

通过结账，计算并结转各账户的本期发生额和余额。

7.2 期末账项调整

7.2.1 期末账项调整的必要性

持续经营是四个会计基本假设之一，也是期末账项调整的理论依据。有了持续经营这一前提，会计核算才能建立在非清算的基础上，进而才有了资产计价和收益确定问题。在持续经营的前提下，会计实体的生产经营活动是连续不断地进行的。按说，企业的经营成果需要等到企业终止经营之日才能正确计算确定。但是由于会计信息的使用者需要及时获得企业财务状况、经营成果和现金流量的信息以便作出正确决策，这就要求对持续不断的生产经营过程人为地划分为不同的会计期间。有了会计期间的划分，才有了本期与非本期的区别，才产生了确定收入和费用归属期间的不同标准，也就产生了收付实现制和权责发生制。

在会计分期的基础上，如果采用权责发生制作为确认收入和费用归属的标准，就有了应计收入、预收收入、应计费用、预付费用等特有的会计事项。企业在会计期末必须按照权责发生制的要求，对应收、应付、预收、预付这些特殊项目进行调整，以使应归属于本期的收入和费用计入有关账户，使账面上的收入、费用、利润体现为真实的收入、费用、利润。从理论上讲，企业可以每天都进行账项调整，但实际工作中，调整分录只在会计期末进行编制。

期末账项调整既包括应计项目（应计收入和应计费用）、递延项目（预收收入和预付费用）这两类基本调整事项，还包括计提坏账准备和固定资产折旧等其他事项。

7.2.2 预收收入与应计收入的账项调整

1. 预收收入的账项调整

企业的预收收入包括预收货款和预收资金等。根据权责发生制的要求，预收收入是一种需要由商品、劳务等予以偿还的负债，因此企业在获得预收收入款项时，应先将其确认为一项负债，通过负债类账户予以反映。期末，根据本期货款和提供劳务情况，确认本期实现的收入，并进行账项调整。对仍未履行义务的预收收入，依然作为负债递延至下期。

对于预收收入，应通过"预收账款"账户进行核算。"预收账款"账户属于负债类账户，用于核算企业按照合同规定向购货或接收劳务单位预收的款项。其贷方登记企业预收款项的金额以及收入实现时对方补付的款项，借方登记收入实现的金额及退回的款项；期末贷方余额反映企业预收的款项，期末如为借方余额反映应由购货单位补付的款项。

【例 7-1】 光华有限责任公司 2014 年 1 月 1 日将闲置不用的一台设备出租给某公司，租期为一年，月租金 2 000 元，租赁合同约定，租金在 2013 年 12 月 30 日一次付清。

公司于 2013 年 12 月 30 日预收租金时，编制会计分录如下：

借：银行存款 24 000

贷：预收账款 24 000

公司 2014 年 1—12 月份各月末进行账项调整、确认营业收入时,编制会计分录如下:

借:预收账款　　　　　　2 000

　　贷:其他业务收入　　　　　　2 000

经过各月的账项调整,到 2014 年 12 月末,全部预收收入转销,假定设备的折旧也于各月末计提,则实现了收入与费用的合理配比。

【例 7－2】　光华有限责任公司 2014 年 2 月 28 日收到某商场预付的购货定金 120 000 元,款项存入银行。合同约定,光华有限责任公司于 2014 年 3—5 月份每月向该商场提供十台 A 产品,每台售价 4 000 元,生产成本每台 3 000 元,公司使用的增值税税率是 17%。其余的货款 5 月补付。

光华有限责任公司于 2014 年 2 月 28 日收到所有货款时,编制会计分录如下:

借:银行存款　　　　　　120 000

　　贷:预收账款　　　　　　120 000

光华有限责任公司 2014 年 3—5 月份各月末(或发出商品时)进行账项调整、确认营业收入时,编制会计分录如下:

借:预收账款　　　　　　46 800

　　贷:主营业务收入　　　　　　40 000

　　　　应交税费——应交增值税(销项税额)　6 800

同时,结转销售成本时,编制会计分录如下:

借:主营业务成本　　　　30 000

　　贷:库存商品　　　　　　30 000

5 月末公司收到补付的货款 20 400 元时,编制会计分录如下:

借:银行存款　　　　　　20 400

　　贷:预收账款　　　　　　20 400

经过各月末的账项调整,到 2014 年 5 月末,全部预收收入转销,营业收入与各期销售成本配比。

2. 应计收入的账项调整

应计收入虽然为实际收到款项,但因产生收入的劳务或财产物资使用权已经提供,相关的收入、成本能够可靠计量,因此应属于本期实现的收入。期末应根据权责发生制的要求进行账项调整,将这种未计入账的应计收入确认入账,作为本期收入的增加。

【例 7－3】　光华有限责任公司 2014 年 10 月 1 日将闲置的一项固定资产出租给其他单位使用,合同规定,每月租金 3 000 元,租金按季结算,承租方于每季度末支付本季度的租金。

该企业在提供出租服务当月,未能收到租金,但因收入金额能够可靠计量,客观上已取得了收取租金的权利,应视作营业收入的实现。因此,各月末均应确认和记录已实现的租金收入,编制会计分录如下:

借:其他应收款——应收某单位租金　　3 000

　　贷:其他业务收入——租金收入　　　　3 000

光华有限责任公司于 12 月末收到承租方支付的第四季度租金时,因在第四季度前两个月末分别作为当月入账,因此在实际收到租金时,应冲销其他应收款,本季的第三个月末直接增加当月的收入。编制会计分录如下:

借:银行存款   9 000

   贷:其他应收款——应收某单位租金   6 000

      其他业务收入——租金收入   3 000

由此可见,如果公司在本期已经获得某一项应计收入但尚未入账,就需要在期末编一笔账项调整分录,将尚未入账的应计收入作为本期收入登计入账。应计收入的调整,一方面记录和反映企业营业收入的增加;另一方面要记录和反映资产(债权)的增加。

7.2.3 预付费用与应计费用的账项调整

1.预付费用的账项调整

预付费用是一种支付在先、受益期延后的跨期费用。例如:预付的保险费、预付租金、租入固定资产的改良支出及大修理支出等。预付费用应根据后续各期的受益情况予以分期摊销,以符合权责发生制和配比的要求,正确确定各期收益。

预付费用根据其递延收益期的长短,通常分为短期待摊费用和长期待摊费用。短期待摊费用通过"预付账款"账户核算,长期待摊费用通过"长期待摊费用"账户核算。两种预付费用的受益期不同,摊销也不同。预付费用发生时计入有关资产账户,各受益期末按照一定的方法(一般采用平均法)转销本期应负担的数额。

"预付账款"账户属于资产类账户,用于核算企业按照合同规定预付的款项。其借方登记预付的款项及补付的款项,贷方登记收到所购物资时根据有关发票账单计入的金额及收货后多付款的金额。期末余额在借方,反映企业实际预付的款项;期末余额在贷方,反映企业尚未预付的款项。预付账款情况不多时,可以不设置该账户,将预付的款项计入"应付账款"账户中核算。

"长期待摊费用"属于资产类账户,用于核算企业已经发生但应由以后各期负担的分摊期限在一年以上的各项费用。其借方登记发生的长期待摊费用,贷方登记摊销的长期待摊费用,期末余额在借方,反映尚未摊销完毕的长期待摊费用的摊销余额。

【例7-4】 光华有限责任公司2014年1月1日以银行存款支付本年度车间财产保险费12 000元。

该公司以银行存款支付财产保险费时,编制会计分录如下:

借:预付账款——预付保险费   12 000

   贷:银行存款   12 000

2014年各月末进行账项调整时,编制会计分录如下:

借:制造费用   1 000

   贷:预付账款——预付保险费   1 000

【例7-5】 光华有限责任公司2014年1月1日以银行存款支付对经营租入房屋的改良支出72 000元,其合同租期为三年。

公司实际预付租金时,编制会计分录如下:

借:长期待摊费用   72 000

   贷:银行存款   72 000

在租赁期各月进行账项调整时,编制会计分录如下:

借:管理费用　　　　　　　　　　　　2 000
　　贷:长期待摊费用　　　　　　　　　　　　2 000

2.应计费用的账项调整

房屋租金、水电费、借款和应付票据利息等这类费用如果不在使用或受益的会计期内予以确认入账,就会影响费用与收入的合理配比,进而使企业的损益表和资产负债表提供的信息失真。应计费用调整时借记费用类账户,贷记负债类账户("应付账款""其他应付款""应付利息"等)。

【例 7-6】　光华有限责任公司 2014 年 7 月 1 日从某企业租入一项生产设备,租期半年,月租金为 1 000 元,根据租赁合同,租赁期满一次性交付全部租金。

根据权责发生制和合理配比的要求,该公司应在租赁期内各月末进行账项调整,预提未付租金,将租金费用计入制造费用,编制会计分录如下:

借:制造费用　　　　　　　　　　　　1 000
　　贷:其他应付款　　　　　　　　　　　　1 000

2014 年 12 月 31 日实际支付全部租金时,编制会计分录如下:

借:其他应付款　　　　　　　　　　　　6 000
　　贷:银行存款　　　　　　　　　　　　6 000

7.3　财产清查

▷ 7.3.1　财产清查的意义和种类

1.财产清查的意义

财产清查也叫财产检查,是指通过对实物、现金的实地盘点和对银行存款、往来款项的核对,查明各项财产物资、货币资金、往来款项的实有数和账面数是否相符的一种会计核算的专门方法。

企业的会计工作都要通过会计凭证的填制和审核,然后及时地在账簿中进行连续登记。应该说,这一过程能保证账簿记录的正确性,也能真实反映企业各项财产的实有数,各项财产的账实应该是一致的。但是,在实际工作中,由于种种原因,账簿记录会发生差错,各项财产的实际结存数也会发生差错,造成账存数与实存数发生差异。其原因是多方面的,一般有以下几种情况:①在收发物资中,由于计量、检验不准确而造成品种、数量或质量上的差错;②财产物资在运输、保管、收发过程中,在数量上发生自然增减变化;③在财产增减变动中,由于手续不齐或计算、登记上发生错误;④由于管理不善或工作人员失职,造成财产损失、变质或短缺等;⑤贪污盗窃、营私舞弊造成的损失;⑥自然灾害造成的非常损失;⑦未达账项引起的账账、账实不符等。

上述种种原因都会影响账实的一致性。因此,运用财产清查的手段,对各种财产物资进行定期或不定期的核对和盘点,具有十分重要的意义。

(1)保证账实相符,使会计资料真实可靠。

通过财产清查可以确定各项财产物资的实际结存数,将账面结存数和实际结存数进行核对,可以揭示各项财产物资的溢缺情况,从而及时地调整账面结存数,保证账簿记录真实、可靠。

（2）保护财产的安全和完整。

通过财产清查，可以查明企业单位财产、商品、物资是否完整，有无缺损、霉变现象，以便堵塞漏洞，改进和健全各种责任制，切实保证财产的安全和完整。

（3）挖掘财产潜力，加速资金周转。

通过财产清查可以及时查明各种财产物资的结存和利用情况。如发现企业有闲置不用的财产物资应及时加以处理，以充分发挥它们的效能；如发现企业有呆滞积压的财产物资，也应及时加以处理，并分析原因，采取措施，改善经营管理。这样，可以使采购物资得到充分合理的利用，加速资金周转，提高企业的经济效益。

（4）保证财经纪律和结算纪律的执行。

通过对财产、物资、货币资金及往来款项的清查，可以查明单位有关业务人员是否遵守财经纪律和结算纪律，有无贪污盗窃、挪用公款的情况；查明往来资金使用是否合理，是否符合党和国家的方针政策和法规，从而使工作人员更加自觉地遵纪守法，自觉维护和遵守财经纪律。

2. 财产清查的种类

财产清查，按照清查的对象和范围，可以分为全面清查和局部清查；按照清查的时间，可以分为定期清查和不定期清查。下面分别加以说明。

（1）全面清查与局部清查。

全面清查是指对所有的财产和资金进行全面盘点与核对。其清查对象主要包括：原材料、在产品、自制半成品、库存商品、现金、短期存（借）款、有价证券及外币、在途物资、委托加工物资、往来款项、固定资产等。全面清查范围广，工作量大，一般在年终决算或企业撤销、合并或改变隶属关系时进行。

局部清查也称重点清查，是指根据需要只对财产中某些重点部分进行的清查。如流动资金中变化较频繁的原材料、库存商品等，除年度全面清查外，还应根据需要随时轮流盘点或重点抽查。各种贵重物资要每月至少清查一次，库存现金要天天核对，银行存（借）款要按银行对账单逐笔核对。

（2）定期清查和不定期清查。

定期清查是指在规定的时间内所进行的财产清查，一般在年、季、月终了后进行。不定期清查也称临时清查，是指根据实际需要临时进行的财产清查，一般在更换财产物资保管人员、企业撤销、合并或发生财产损失等情况时进行。定期清查和不定期清查的范围应视具体情况而定，可全面清查也可局部清查。

➤ 7.3.2 财产清查的方法

1. 财产清查的准备工作

财产清查是一项复杂细致的工作，它涉及面广、政策性强、工作量大。为了加强领导，保质保量完成此项工作，一般应在企业单位负责人（如厂长、经理等）的领导下，由会计、业务、仓库等有关部门的人员组成财产清查的专门班子，具体负责财产清查的领导工作。在清查前，必须首先做好以下几项准备工作：

（1）清查小组制订财产计划，确定清查对象、范围，配备清查人员，明确清查任务。

（2）财务部门要将总账、明细账等有关资料登记齐全，核对正确，结出余额。保管部门对所保管的各种财产物资以及账簿、账卡挂上标签，标明品种、规格、数量，以备查对。

（3）银行存款和银行借款应从银行取得对账单，以便查对。

（4）对需要使用的度量容器，要提前校验正确，保证计量准确。对应用的所有表册，都要准备妥当。

2.财产清查的具体方法

（1）实物资产的清查。

对于各种实物如材料、半成品、在产品、产成品、低值易耗品、包装物、固定资产等，都要从数量和质量上进行清查。由于实物的形态、体积、重量、堆放方式等不尽相同，因而所采用的清查方法也不尽相同。实物数量的清查方法，比较常用的有以下几种：

①实物盘点。实物盘点即通过逐一清点或用计量器具来确定实物的实存数量。其适用的范围较广，在多数财产物资清查中都可以采用这种方法。

②技术推算。采用这种方法，对于财产物资不是逐一清点计数，而是通过量方、计尺等技术推算财产物资的实存数量。这种方法只适用于成堆量大而价值又不高难以逐一清点的财产物资的清查。例如，露天堆放的煤炭等。

对于实物的质量，应根据不同的实物采用不同的检查方法，例如有的采用物理方法，有的采用化学方法来检查实物的质量。

实物清查过程中，实物保管人员和盘点人员必须同时在场。对于盘点结果，应如实登记盘存单，并由盘点人和实物保管人签字或盖章，以明确经济责任。盘存单既是记录盘点结果的书面证明，也是反映财产物资实存数的原始凭证。其一般格式如表 7-1 所示。

表 7-1 盘存单

单位名称：　　　　　　　盘点时间：　　　　　　　编号：
财产类别：　　　　　　　存放地点：　　　　　　　金额单位：

编号	名称	计量单位	数量	单价	金额	备注

盘点人签章：　　　　　　　　　　　　　　保管人：

为了查明实存数与账存数是否一致，确定盘盈或盘亏情况，应根据盘存单和有关账簿的记录，编制实存账存对比表。实存账存对比表是用以调整账簿记录的重要原始凭证，也是分析产生差异的原因，明确经济责任的依据。实存账存对比表的一般格式如表 7-2 所示。

表 7-2 实存账存对比表

编号	类别及名称	计量单位	单价	实存		账存		对比结果				备注
				数量	金额	数量	金额	盘盈		盘亏		
								数量	金额	数量	金额	

主管人员：　　　　　　会计：　　　　　　　制表：

对于委托外单位加工、保管的材料、商品、物资以及在途的材料、商品、物资等，可以用询证的方法与有关单位进行核对，以查明账实是否相符。

(2)库存现金的清查。

库存现金的清查,包括人民币和各种外币的清查,都是采用实地盘点即通过点票数来确定现金的实存数,然后以实存数与现金日记账的账面余额进行核对,以查明账实是否相符及盈亏情况。

由于现金的收支业务十分频繁,容易出现差错,需要出纳人员每日进行清查和定期及不定期的专门清查。每日业务终了,出纳人员都应将现金日记账的账面余额与现金的实存数进行核对,做到账款相符。专门班子清查盘点时,出纳人员必须在场,现钞应逐张查点,还应注意有无违反现金管理制度的现象,编制现金盘点报告表,并由盘点人员和出纳人员签章。现金盘点报告表兼有盘存单和实存账存对比表的作用,是反映现金实有数和调整账簿记录的重要原始凭证。其一般格式如表7-3所示。

表7-3 现金盘点报告表

单位名称:　　　　　　　　　　年　月　日

实存金额	账存金额	对比结果		备注
		盘盈	盘亏	

盘点人:　　　　　　　　　　　　出纳员:

国库券、其他金融债券、公司债券、股票等有价证券的清查方法和现金相同。

(3)银行存款的清查。

银行存款的清查与实物和现金的清查方法不同,它是采用与银行核对账目的方法来进行的。即将企业单位的银行存款日记账与从银行取得的对账单逐比核对,以查明银行存款的收入、付出和结余的记录是否正确。

开户银行送来的银行对账单是银行在收付企业单位存款时复写的账页,它完整地记录了企业单位存放在银行的款项的增减变动情况及结存余额,是进行银行存款清查的重要依据。

在实际工作中,企业银行存款日记账余额与银行对账单余额往往不一致,其主要原因:一是双方账目发生错账、漏账。所以在与银行核对账目之前,应先仔细检查企业单位银行存款日记账的正确性和完整性,然后再将其与银行送来的对账单逐笔进行核对。二是正常的"未达账项"。所谓"未达账项",是指由于双方记账时间不一致而发生的一方已经入账,而另一方尚未入账的款项。企业单位与银行之间的未达账项,有以下情况:

①企业已入账,但银行尚未入账。

A.企业送存银行的款项,企业已做存款增加入账,但银行尚未入账;

B.企业开出支票或其他付款凭证,企业已作为存款减少入账,但银行尚未付款、未记账。

②银行已入账,但企业尚未入账。

A.银行代企业收进的款项,银行已作为企业存款的增加入账,但企业尚未接到通知,因而未入账;

B.银行代企业支付的款项,银行已作为企业存款的减少入账,但企业尚未收到通知,因而未入账。

上述任何一种情况的发生,都会使双方的账面存款余额不一致。因此,为了查明企业单位和银行双方账目的记录有无差错,同时也是为了发现未达账项,在进行银行存款清查时,必须将企业单位的银行存款日记账与银行对账单逐笔核对;核对的内容包括收付金额、结算凭证的种类和号数、收入来源、支出的用途、发生的时间、某日止的金额等。通过核对,如果发现企业单位有错账或漏账,应立即更正;如果发现银行有错账或漏账,应及时通知银行查明更正;如果发现有未达账项,则应据以编制银行存款余额调节表进行调节,并验证调节后余额是否相等。

【例 7-7】　2014 年 6 月 30 日某企业银行存款日记账的账面余额为 31 000 元,银行对账单的余额为 36 000 元,经逐笔核对,发现有下列未达账项:

(1)29 日,企业销售产品收到转账支票一张计 2 000 元,将支票存入银行,银行尚未办理入账手续。

(2)29 日,企业采购原材料开出转账支票一张计 1 000 元,企业已作银行存款付出,银行尚未收到支票而未入账。

(3)30 日,企业开出现金支票一张计 250 元,银行尚未入账。

(4)30 日,银行代企业收回货款 8 000 元,收款通知尚未到达企业,企业尚未入账。

(5)30 日,银行代付电费 1 750 元,付款通知尚未到达企业,企业尚未入账。

(6)30 日,银行代付水费 500 元,付款通知尚未到达企业,企业尚未入账。

根据以上资料编制银行存款余额调节表,如 7-4 所示。

表 7-4　银行存款余额调节表

2014 年 6 月 30 日　　　　　　　　　　　　　　　　　　　　　　　　　　　　单位:元

项目	金额	项目	金额
企业银行存款账面余额	31 000	银行对账单账面余额	36 000
加:银行已记增加,企业未记增加的账项		加:企业已记增加,银行未记增加的账项	
银行代收货款	8 000	存入的转账支票	2 000
减:银行已记减少,企业未记减少的账项		减:企业已记减少,银行未记减少的账项	
银行代付电费	1 750	开出转账支票	1 000
银行代付水费	500	开出现金支票	250
调节后存款余额	36 750	调节后存款余额	36 750

如果调节后双方余额相等,则一般说明双方记账没有差错;若不相等,则表明企业方或银行方或双方记账有差错,应进一步核对,查明原因予以更正。

需要注意的是,对于银行已经入账而企业尚未入账的未达账项,不能根据银行存款余额调节表来编制会计分录,作为记账依据,必须在收到银行的有关凭证后方可入账。另外,对于长期悬置的未达账项,应及时查明原因,予以解决。

上述银行存款的清查方法,也适用于各种银行借款的清查。但在清查银行借款时,还应检查借款是否按规定的用途使用,是否按期归还。

(4)往来款项的清查。

往来款项的清查,采用对方单位核对账目的方法。在检查各单位结算往来款项账目正确性和完整性的基础上,根据有关明细分类账的记录,按用户编制对账单,送交对方单位进行核对。对账单一般一式两联,其中一联作为回单。如果对方单位核对相符,应在回单上盖章后退回;如果数字不符,则应将不符的情况在回单上注明,或另抄对账单退回,以便进一步清查。在核对过程中,如果发现未达账项,双方都应采用调节账面余额的方法,来核对往来款项是否相符。尤其应注意查明有无双方发生争议的款项、没有希望收回的款项以及无法支付的款项,以便及时采取措施进行处理,避免或减少坏账损失。

3.财产清查结果的处理

通过财产清查所发现的财产管理和核算方面存在的问题,应当认真分析研究,以有关的法令、制度为依据进行严肃处理。为此,应切实做好以下几个方面的工作:

(1)查明差异,分析原因。

通过财产清查所确定的清查资料和账簿记录之间的差异,例如财产的盘盈、盘亏和多余积压,以及逾期债权、债务等,都要认真查明其性质和原因,明确经济责任,提出处理意见,按照规定程序经有关部门批准后,予以认真严肃地处理。财产清查人员应以高度的责任心,深入调查研究,实事求是,问题定性要准确,处理方法要得当。

(2)认真总结,加强管理。

财产清查以后,针对所发现的问题和缺点,应当认真总结经验教训,表彰先进,巩固成绩,发扬优点,克服缺点,做好工作。同时,要建立和健全以岗位责任制为中心的财产管理制度,切实提出改进工作的措施,进一步加强财产管理,保护社会主义财产的安全和完整。

(3)调整账目,账实相符。

财产清查的重要任务之一就是为了保证账实相符,财会部门对于财产清查中所发现的差异必须及时进行账簿记录的调整。由于财产清查结果的处理要报请审批,所以,在账务处理上通常分两步进行。第一步,将财产清查中发现的盘盈、盘亏或毁损数,通过"待处理财产损溢"账户,登记有关账簿,以调整有关账面记录,使账存数和实存数相一致。第二步,在审批后,应根据批准的处理意见,再从"待处理财产损溢"账户转入有关账户。

"待处理财产损溢"账户是一个暂记账户,它是专门用来核算企业在财产清查过程中查明的各种财产物资的盘盈、盘亏和毁损的账户。该账户的借方登记各种财产物资的盘亏、毁损数及按照规定程序批准的盘盈转销数,贷方登记各种财产物资的盘盈数及按照规定程序批准的盘亏、毁损转销数。借方余额表示尚未处理的各种物资的净损失数,贷方余额表示尚未处理的各种财产物资的净溢余数。

对于财产清查中各种材料、在产品和产成品的盘盈和盘亏,属于以下正常原因的,一般增加或冲减费用:在收发物资中,计量、检验不准确;财产物资在运输、保管、收发过程中,在数量上发生自然增减变化;由于手续不齐或计算、登记上发生错误。属于管理不善或工作人员失职,造成财产损失、变质或短缺的,应由过失人负责赔偿的,应增加其他应收款。属于贪污盗窃、营私舞弊造成的损失或自然灾害造成的非常损失,应增加营业外支出。另外,对于财产清查中固定资产盘盈盘亏,在按规定报请审批后,其盘盈净值增加营业外收入,盘亏净值增加营业外支出。

【例7-8】某企业在财产清查中,盘盈原材料6吨,价值18 000元。

报经批准前,根据实存账存对比表的记录,编制会计记录:

借:原材料　　　　　　　　　　18 000
　　贷:待处理财产损溢　　　　　　18 000

经查明,这项盘盈材料因计量仪器不准造成生产领用少付多算,所以,经批准冲减本月管理费用,编制会计分录如下:

借:待处理财产损溢　　　　　　18 000
　　贷:管理费用　　　　　　　　　18 000

【例 7-9】　在财产清查中,发现购进的甲材料实际库存较账面库存短缺 15 000 元。

报经批准前,先调整账面余额,编制会计分录如下:

借:待处理财产损溢　　　　　　15 000
　　贷:原材料——甲材料　　　　　15 000

报经批准,如属于定额内的自然损耗,则应作为管理费用,计入本期损益,编制会计分如下:

借:管理费用　　　　　　　　　15 000
　　贷:待处理财产损溢　　　　　　15 000

如果属于管理人员过失造成则应由过失人赔偿,编制会计分录如下:

借:其他应收款——×××　　　15 000
　　贷:待处理财产损溢　　　　　　15 000

如果属于非常灾害造成的损失应经批准列作营业外支出,编制会计分录如下:

借:营业外支出　　　　　　　　15 000
　　贷:待处理财产损溢　　　　　　15 000

【例 7-10】　某企业在财产清查中,盘盈一台设备,估计重置价值 6 000 元,已提折旧 4 000元。

在审批之前,编制会计分录如下:

借:固定资产　　　　　　　　　6 000
　　贷:待处理财产损溢　　　　　　2 000
　　　　累计折旧　　　　　　　　　4 000

经领导批示,该机器作为企业增加的营业外收入处理,编制会计分录如下:

借:待处理财产损溢　　　　　　2 000
　　贷:营业外收入　　　　　　　　2 000

【例 7-11】　在财产清查中,查明确实无法收回的账款 30 000 元,经批准作为坏账损失。

坏账损失是指无法收回的应收账款而使企业遭受的损失。按制度规定,在会计核算中对坏账损失的处理采用备抵法,即按一定比例提取“坏账准备”计入当期管理费用。因此,对于这笔确属无法收回的应收账款,应按照规定的手续审批后,以批准的文件为原始凭证,作坏账损失处理,冲减“坏账准备”账户。“坏账准备”是资产类的账户,是“应收账款”的抵减账户,用来核算坏账准备的提取和转销情况,贷方登记提取数,借方登记冲销数,余额在贷方表示已经提取尚未冲销的坏账,编制会计分录如下:

借:坏账准备　　　　　　　　　30 000
　　贷:应收账款(或其他应收款)　　30 000

对于应付购货款项,如确实无法支付,可按制度规定,经批准后直接转为资本公积,在“资本公积"账户核算。"资本公积"账户是所有者权益类账户，用来核算企业取得的资本公积，包括资本溢价、接受捐赠非现金资产准备、接受现金捐赠、股权投资准备、拨款转入、外币资本折算差额以及其他资本公积等。该账户贷方登记取得数，借方登记转出数，贷方余额表示资本公积结余数。

企业在财产清查中查明的有关债权、债务的坏账收入或坏账损失，经批准后，按照上述会计分录直接进行转销，不需要通过"待处理财产损溢"账户核算。

本章小结

1.为了保证会计资料的真实性，企业必须定期或不定期地对其所拥有的财产物资进行清查，将账存数与实存数相互核对，以便在账实发生差异时及时寻找原因、分清责任，并按规定的程序和方法调整账面记录，做到账实一致。

财产清查按其清查范围分为全部清查和局部清查，按其清查时间可分为定期清查和不定期清查。

2.对材料、产成品、固定资产等实物的清查主要采用实地盘点的方法来进行。对现金的清查要采用不通知突击盘点的方法。对银行存款的清查要采取与银行核对账目的方法来进行，如不相符，就需要编制银行存款余额调节表。对应收和应付的清查主要通过询证核对的方法来进行。

3.为了正确反映财产物资的盘盈、盘亏、毁损及其处理情况，企业应该设置"待处理财产损溢"账户。财产清查的会计处理须在报请批准以前和批准以后分两个阶段进行。

复习思考题

1.什么是财产清查？为什么要进行财产清查？财产清查有什么作用？

2.哪些因素会造成各项财产账面数与实际数不一致？

3.如何对现金、银行存款进行清查？可能会出现什么问题？如何解决？

4.什么是"未达账项"？企业单位能否根据银行存款余额调节表将未达账项登计入账？为什么？

5.说明"待处理财产损溢"账户的用途、结构。

6.财产清查结果如有差异，在账务上应如何处理？

实务训练题

习题一

1.目的：练习编制银行存款余额调节表，进行银行存款清查。

2.资料：雷光公司2014年8月31日银行存款日记账余额37 685元，银行送来的对账单余额为47 570。经逐笔核对，发现两者有下列不符之处：

(1)8月30日，本公司开出转账支票一张向方圆公司购买文具用品，价值1 045元，方圆公司尚未到银行办理转账手续。

(2)8月30日，本公司委托银行代收一笔货款16 800元，款项银行已收妥入账，公司尚未收到通知入账。

(3)8 月 30 日,收到申花公司交来的转账支票 4 700 元,本公司已送交银行办理,并已入账,但银行尚未入账。

(4)8 月 31 日,银行扣收手续费 12 元,公司尚未入账。

(5)8 月 31 日,银行代付公用事业费 3 456 元,公司尚未收到通知入账。

(6)8 月 31 日,本月银行存款利息 208 元,公司尚未收到通知入账。

3.要求:根据以上资料,编制银行存款余额调节表,并确定企业 2014 年 8 月 31 日银行存款的实际结存额。

习题二

1.目的:练习存货、固定资产清查结果的账务处理。

2.资料:某企业 6 月 30 日对存货和固定资产清查发现有关情况如下:

(1)库存 A 产品账面结存数量 2 000 件,单位成本 35 元,金额 70 000 元。实存 1 985 件,盘亏 15 件,价值 525 元。经查明系保管人员过失所致,经批准责令赔偿。

(2)甲材料账面结存数量 250 千克,每千克 20 元,金额 5 000 元,全部毁损,作为废料处理,计价 100 元。经查明由于自然灾害所致,其损失经批准作为非常损失处理。

(3)发现账外机器一台,估计原价 8 000 元,七成新,原因待查,经批准同意转销处理。

(4)乙材料账面结存数量 120 吨,每吨成本 100 元,价值 12 000 元,实存 118 吨,盘亏 2 吨,价值 200 元。经查明属于定额内损耗,经批准转销处理。

(5)丙材料账面结存数量 300 千克,每千克 10 元,价值 3 000 元;实存 310 千克,盘盈 10 千克,价值 100 元。经查明为收发计量差错原因造成,经批准转销处理。

3.要求:根据以上资料,编制存货和固定资产清查结果审批前后的会计分录。

第8章

会 计 报 表

8.1 会计报表概述

➤ 8.1.1 会计报表的概念及作用

企业、行政、事业等单位的经济活动和财务收支,经过日常的会计核算,已在账簿中序时、连续、系统地作了归集和记录。但这些核算资料是分散地反映在各个账户之中,不能集中、总括、一目了然地反映企业、行政、事业等单位的经济活动和财务收支全貌。为了满足经营管理的需要,需将日常核算资料按照科学的方法和一定的指标定期进行系统的整理,以特定的表示全面综合地反映企业整个经济活动和财务收支状况。

会计报表是通过整理、汇总日常会计核算资料而定期编制的,用来集中、总括地反映企业单位在某一特定日期的财务状况以及某一特定时期的经营成果和现金流量的书面报告。编制会计报表是会计核算的又一种专门方法,也是会计工作的一项重要内容。会计报表所提供的指标,比其他会计资料提供的信息更为综合、系统和全面地反映企业和行政、事业等单位的经济活动的情况和结果。因此会计报表对企业和行政、事业单位本身及其主管部门,对企业的债权人和投资者,以及财税、银行、审计等部门来说,都是一种十分重要的经济资料。会计报表的作用,具体表现在以下几个方面:

(1)会计报表所提供的资料,可以帮助企业领导和管理人员分析检查企业的经济活动是否符合制度规定;考核企业资金、成本、利润等计划指标的完成程度;分析评价经营管理中的成绩和缺点,采取措施,改善经营管理,提高经济效益;运用会计报表的资料和其他资料进行分析,为编制下期计划提供依据。同时,通过会计报表,把会计经营情况和结果向职工交底,以便进行监督,进一步发挥职工群众主人翁作用,从各方面提出改进建议,促进企业增产节约措施的落实。

(2)单位主管部门利用会计报表考核所属单位的业绩以及各项经济政策贯彻执行情况,并通过各单位同类指标的对比分析,可及时总结成绩,推广先进经验;对所发现的问题分析原因,采取措施,克服薄弱环节;同时,通过报表逐级汇总所提供的资料,可以在一定范围内反映国民经济计划的执行情况,为国家宏观管理提供依据。

(3)财政、税务部门利用会计报表所提供的资料,可以了解企业资金的筹集运用是否合理,检查企业税收、利润计划的完成与解缴情况以及有无违反税法和财经纪律的现象,更好地发挥财政、税收的监督职能;银行部门可以考查企业流动资金的利用情况,分析企业银行借款的物资保证程度,研究企业流动资金的正常需要量,了解银行借款的归还以及信贷纪律的执行情况,充分发挥银行经济监督和经济杠杆作用;审计部门可以利用会计报表了解企业财务状况和经营情况及财经政策、法令和纪律执行情况,从而为财务审计和经济效益审计提供必要的资料。

(4)企业的投资、债权人和其他利益群体需利用会计报表所提供的企业财务状况和偿债能力,作为投资、贷款和交易的决策依据。行政、事业等单位的会计报表,可以总括反映预算资金收支情况和预算执行的结果,以便总结经验教训,改进工作,提高单位的管理水平,并为编制下期预算提供必要的资料。

8.1.2　会计报表的种类

不同性质的经济单位由于会计核算的内容不一样,经济管理的要求及其所编制会计报表的种类也不尽相同。就企业而言,其所编制的会计报表也可按不同的标志划分为不同的类别。

1. 按照会计报表所反映的经济内容分类

按会计报表反映的经济内容分为四种类型:

(1)反映一定日期企业资产、负债及所有者权益等财务状况的报表,如资产负债表。

(2)反映一定时期企业经营成果的会计报表,如利润表。

(3)反映一定时期企业构成所有者权益的各组成部分的增减变动情况的报表,如所有者权益变动表。

(4)反映一定时期内现金和现金等价物流入、流出及现金净流量的现状及其变化方面信息的会计报表,如现金流量表。

以上四类报表可以划分为静态报表和动态报表,前者为资产负债表,后者为利润表、所有者权益变动表和现金流量表。

2. 按照会计报表报送对象分类

财务报表按其服务的对象可分为两大类。一类是对外报送的会计报表,包括资产负债表、利润表、所有者权益变动表和现金流量表等。这些报表可用于企业内部管理,但更偏向于现在和潜在投资者、贷款人、供应商和其他债权人、顾客、政府机构、社会公众等外部使用者的信息要求。这类报表一般有统一格式和编制要求。另一类是对内报送的财务报表。这类报表是根据企业内部管理需要编制的,主要用于企业内部成本控制、定价决策、投资或筹资方案的选择等,这类报表无规定的格式、种类。

3. 按照会计报表编报的编制分类

按照会计报表编报的编制不同,可将其分为个别会计报表和合并会计报表两类。这种划分是在企业对外单位进行投资的情况下,由于特殊的财务关系所形成的。

个别会计报表指只反映对外投资企业本身的财务状况和经营情况的会计报表,包括对外和对内会计报表。合并会计报表是指一个企业在能够控制另一个企业的情况下,将被控制企业与本企业视为一个整体,将其有关经济指标与本企业的数字合并而编制的会计报表。合并会计报表所反映的是企业与被控制企业共同的财务状况与经营成果。合并会计报表一般只编制对外会计报表。

4. 按照会计报表编制的时间分类

按照会计报表编制的时间不同,可将其分为定期会计报表和不定期会计报表,其中定期会计报表又可分为年度会计报表、季度会计报表和月份会计报表三类。年报是年终编制的报表,它是全面反映企业财务状况、经营成果及其分配、现金流量等方面的报表。季报是每一季度末编制的报表，种类比年报少一些。月报是月终编制的财务报表，只包括一些主要的报表，如资产负债表、利润表等。在编制会计报表时，哪些报表为年度会计报表，哪些报表为季度会计报表，哪些报表为月份会计报表，都应根据《企业会计准则》的规定办理。月度会计报表、季度会计报表称为中期报告，企业在持续经营的条件下，一般是按年、季、月编制会计报表，但在某种特殊情况下则需编制不定期会计报表，例如在企业宣布破产时应编制和报送破产清算会计报表。

5.按照会计报表编制单位分类

按照会计报表编制单位不同，可将其分为单位会计报表和汇总会计报表两类。

单位会计报表是指由独立核算的会计主体编制的，用以反映某一会计主体的财务状况、经营活动成果和费用支出及成本完成情况的报表。汇总会计报表是指由上级主管部门将其所属各基层经济单位的会计报表，与其本身的会计报表汇总编制的，用以反映一个部门或一个地区经济情况的会计报表。

为了帮助会计报表的使用者更加清晰、明了地了解和掌握企业的经济活动情况，使会计报表在经济管理中起到更大的作用，企业应在编制、报送年度会计报表的同时，撰写并报送财务状况说明书。

➤ 8.1.3 会计报表的编制要求

为了充分发挥会计报表的作用，会计报表的种类、格式、内容和编制方法，都应由财政部统一制定，企业应严格地按照统一规定填制和上报，才能保证会计报表口径一致，便于各有关部门利用会计报表，了解、考核和管理企业的经济活动。为确保会计报表质量，编制会计报表必须符合以下要求：

1.数字真实

根据客观性原则，企业会计报表所填列的数字必须真实可靠，能准确地反映企业的财务状况和经营成果。不得以估计数字填列会计报表，更不得弄虚作假、篡改伪造数字。

2.内容完整

会计报表中各项指标和数据是相互联系、相互补充的，必须按规定填列齐全、完整。不论主表、附表或补充资料，都不能漏填、漏报。各会计报表之间、项目之间凡有对应关系的项目的数据，应该相互一致，做到表表相符。

3.计算正确

会计报表上的各项指标，都必须按《企业会计准则》和《企业会计制度》中规定的口径填列，不得任意删减或增加，凡需经计算填列的指标，应按以上两个制度所规定的公式计算填列。

4.编报及时

企业应按规定的时间编报会计报表，及时逐级汇总，以便报表的使用者及时、有效地利用会计报表资料。为此，企业应科学地组织好会计的日常核算工作，选择适合本企业具体情况的会计核算组织程序，认真做好记账、算账、对账和按期结账工作。

8.2　资产负债表

资产负债表是总括反映企业在某一特定日期(月末、季末或年末)全部资产、负债和所有者权益情况的会计报表。

8.2.1　资产负债表的作用

1. 能够帮助报表使用者了解企业所掌握的各种经济资源，以及这些资源的分布与结构

资产负债表把企业拥有或控制的资产按经济性质、用途等分类成流动资产、长期投资、固定资产、无形资产等。各项目之下又具体分成明细项目，例如，流动资产项目可根据其构成项目的不同性质，分为货币资金、应收及预付款项、存货等。这样，会计报表的使用者就可以一目了然地从资产负债表上了解到企业在某一特定日期所拥有的资产总量及其结构。

2. 能够反映企业资金的来源构成，即债权人和投资者各自的权益

资产负债表的资产方反映了企业拥有的经济资源及其结构，即企业资金的占用情况，那么，这些资金是从哪里来的呢？我们知道，企业资金的来源，不外乎两个方面，一是债权人提供，二是所有者投资及其积累。资产负债表把债权人权益和所有者权益分类列示，并根据不同性质将负债又分为流动负债和非流动负债，把所有者权益又分为实收资本(股本)、资本公积、盈余公积、未分配利润，这样，企业的资金来源及其构成情况便可在资产负债表中得到充分反映。

3. 通过对资产负债表的对比和分析，可以了解企业的财务实力、偿债能力和支付能力，
   也可以预测企业未来的盈利能力和财务状况的变动趋势

通过了解企业资产项目的构成，可以分析企业资产的流动性和财务弹性，进而判断企业的偿债能力和支付能力。通过对企业资产结构和权益结构(或称资本结构)的分析，可以了解企业筹集资金和使用资金的能力，即企业的财务实力。另外，资产是未来收益的源泉，也会在将来转化为费用，因而，通过了解企业资产项目的构成，还可以对企业未来的盈利能力作出初步判断。资产负债表中提供的数据往往是比较数据，这样，通过将"期初数"与"期末数"两栏数据进行对比分析，可以分析有关项目的变动情况，掌握变动规律，从而预测变动趋势。

8.2.2　资产负债表的结构

资产负债表由表头、表身和表尾等部分组成。表头部分应列明报表名称、编表单位名称、编制日期和金额计量单位；表身部分反映资产、负债和所有者权益的内容；表尾部分为补充说明。其中，表身部分是资产负债表的主体和核心。

资产负债表的格式主要有账户式和报告式两种。我国企业的资产负债表采用账户式结构。

资产负债表是依据"资产＝负债＋所有者权益"这一会计等式的基本原理设置的，分为左右两方。左方反映企业所拥有的全部资产，右方反映企业的负债和所有者权益，根据会计等式的基本原理，左方的资产总额等于右方的负债和所有者权益的总额。资产负债表左、右两方各项目前后顺序是按其流动性排列的。

1. 资产的排列顺序

(1)流动资产：包括在一年或超过一年的一个经营周期以内可以变现或耗用、售出的全部资产。在资产负债表上排列为:货币资金、交易性金融资产、应收票据、应收账款、预付款项、应收利息、其他应收款、存货、一年内到期的非流动资产等。

(2)非流动资产:包括变现能力在一年或超过一年的一个经营周期以上的资产。在资产负债表上排列为:可供出售金融资产、持有至到期投资、长期股权投资、长期应收款、投资性房地产、固定资产、在建工程、工程物资、固定资产清理、生产性生物资产、油气资产、无形资产、开发支出、商誉、长期待摊费用、递延所得税资产等。

2.负债的排列顺序

(1)流动负债:包括偿还期在一年以内的全部负债。在资产负债表上排列顺序为:短期借款、交易性金融负债、应付票据、应付账款、预收款项、应付职工薪酬、应交税费、应付利息、应付股利、其他应付款、一年内到期的非流动负债等。

(2)非流动负债:包括偿还期在一年或超过一年的一个经营周期以上的债务。在资产负债表上排列顺序为:长期借款、应付债券、长期应付款、专项应付款、预计负债、递延所得税负债等。

3.所有者权益的排列顺序

所有者权益包括所有者投资、企业在生产经营过程中形成的盈余公积和未分配利润。在资产负债表上的排列顺序为:实收资本、资本公积、盈余公积和未分配利润等。

➤ 8.2.3 资产负债表的编制方法

资产负债表中"年初余额"栏各项的数字,应按上年年末资产负债表中"期末余额"栏中的数字填列。"期末余额"栏内各项数字根据会计期末各总账账户及所属明细账户余额填列。若本年度资产负债表中规定的各项目的名称和内容与上年度不一致,应对上年年末资产负债表各项的名称和数字按照本年度的规定进行调整后,填入表中的"年初余额"栏。

1.根据明细账户期末余额分析计算填列

资产负债表中一部分项目的"期末余额"需要根据有关明细账户的期末余额分析计算填列。

(1)"应收账款"项目,应根据"应收账款"账户和"预收账款"账户所属明细账户的期末借方余额合计数,减去"坏账准备"账户中有关应收账款计提的坏账准备期末余额后的金额填列。

(2)"预付款项"项目,应根据"预付账款"账户和"应付账款"账户所属明细账户的期末借方余额合计数,减去"坏账准备"账户中有关预付款项计提的坏账准备期末余额后的金额填列。

(3)"应付账款"项目,应根据"应付账款"账户和"预付账款"账户所属明细账户的期末贷方余额合计数填列。

(4)"预收款项"项目,应根据"预收账款"账户和"应收账款"账户所属明细账户的期末贷方余额合计数填列。

(5)"应收票据""应收股利""应收利息""其他应收款"项目应根据各相应账户的期末余额,减去"坏账准备"账户中相应各项目计提的坏账准备期末余额后的金额填列。

2.根据总账账户期末余额计算填列

资产负债表中一部分项目的"期末余额"需要根据有关总账账户的期末余额计算填列。

(1)"货币资金"项目,应根据"库存现金""银行存款""其他货币资金"等账户的期末余额合计填列。

（2）"未分配利润"项目，应根据"本年利润"账户和"利润分配"账户的期末余额计算填列，如为未弥补亏损，则在本项目内以"－"号填列，年末结账后，"本年利润"账户已无余额，"未分配利润"项目应根据"利润分配"账户的年末余额直接填列，贷方余额以正数填列，如为借方余额，应以"－"号填列。

（3）"存货"项目，应根据"材料采购""原材料""周转材料""库存商品""委托加工物资""生产成本"等账户的期末余额之和，减去"存货跌价准备"账户期末余额后的金额填列。

（4）"固定资产"项目，应根据"固定资产"账户的期末余额减去"累计折旧""固定资产减值准备"账户期末余额后的净额填列。

（5）"无形资产"项目，应根据"无形资产"账户的期末余额减去"累计摊销""无形资产减值准备"账户期末余额后的净额填列。

（6）"在建工程""长期股权投资""持有至到期投资"项目，均应根据其相应总账账户的期末余额减去其相应减值准备后的净额填列。

（7）"长期待摊费用"项目，根据"长期待摊费用"账户期末余额扣除其中将于一年内摊销的数额后的金额填列，将于一年内摊销的数额填列在"一年内到期的非流动资产"项目内。

（8）"长期借款"和"应付债券"项目，应根据"长期借款"和"应付债券"账户的期末余额，扣除其中在资产负债表日起一年内到期且企业不能自主地将清偿义务展期的部分后的金额填列，在资产负债表日起一年内到期且企业不能自主地将清偿义务展期的部分在流动负债类下的"一年内到期的非流动负债"项目内反映。

3.根据总账账户期末余额直接填列

资产负债表中大部分项目的"期末余额"可以根据有关总账账户的期末余额直接填列，如"交易性金融资产""应收票据""固定资产清理""工程物资""递延所得税资产""短期借款""交易性金融负债""应付票据""应付职工薪酬""应交税费""递延所得税负债""预计负债""实收资本""资本公积""盈余公积"等项目。这些项目中，"应交税费"等负债项目，如果其相应账户出现借方余额，应以"－"号填列；"固定资产清理"等资产项目，如果其相应的账户出现贷方余额，也应以"－"号填列。

下面举例说明一般企业资产负债表某些项目的编制方法。

【例8-1】 华天有限公司2014年12月31日科目余额表如表8-1所示。

表8-1 科目余额表

2014年12月31日   单位：元

科目名称	明细科目	借方余额	贷方余额	科目名称	明细科目	借方余额	贷方余额
现金		3 000		短期借款			60 000
银行存款		25 000		应付账款			10 000
短期投资		14 000			——A工厂		7 000
应收账款		23 000			——B工厂	5 000	
	——甲公司	10 000			——C工厂		8 000

科目名称	明细科目	借方余额	贷方余额	科目名称	明细科目	借方余额	贷方余额
	——乙公司		2 000	预收账款			1 000
	——丙公司	15 000			——A单位		4 000
预付账款		4 700			——B单位	3 000	
	——甲单位	5 000		其他应付款			9 000
	——乙单位		300	应付职工薪酬			34 700
其他应收款		8 000		应交税费			60 000
材料采购		8 000		应付利润			33 000
原材料		27 000		长期借款			30 000
库存商品		20 000		实收资本			280 000
长期股权投资		200 000		盈余公积			22 080
固定资产		400 000		利润分配	——未分配利润		159 920
累计折旧			6 000				
无形资产		23 000					
长期待摊费用		4 000					

根据以上资料编制资产负债表如表 8-2 所示。

表 8-2 资产负债表

编制单位:华天有限公司　　　　2014 年 12 月 31 日　　　　　　单位:元

资　产	年初数	期末数	负债和所有者权益	年初数	期末数
流动资产:			流动负债:		
货币资金	103 000	28 000	短期借款	62 000	60 000
短期投资	10 000	14 000	应付票据	35 000	
应收票据			应付账款	30 000	15 300
应收股利			预收账款	24 000	6 000
应收利息			应付职工薪酬	31 000	34 700
应收账款	20 000	28 000	应付利润		33 000
预付账款	5 000	10 000	应交税费	50 000	60 000
其他应收款	3 000	8 000	其他应交款		
存货	63 000	55 000	其他应付款	16 800	9 000

资　产	年初数	期末数	负债和所有者权益	年初数	期末数
一年内到期的长期债权投资			预计负债		
其他流动资产			一年内到期的长期负债		
流动资产合计	204 000	143 000	其他流动负债		
长期投资:			流动负债合计	248 800	218 000
长期股权投资	40 000	200 000	长期负债:		
长期债权投资			长期借款	40 000	30 000
长期投资合计	40 000	200 000	应付债券		
固定资产:			长期应付款		
固定资产原价	300 000	400 000	专项应付款		
减:累计折旧	45 000	60 000	其他长期负债		
固定资产净值	255 000	340 000	长期负债合计	40 000	30 000
减:固定资产减值准备			递延税项:		
固定资产净额	255 000	340 000	递延税款贷项		
工程物资			负债合计	288 800	248 000
在建工程			所有者权益:		
固定资产清理	4 000		实收资本	260 000	280 000
固定资产合计	259 000	340 000	减:已归还投资		
无形及其他资产:			实收资本净额	260 000	280 000
无形资产	95 000	23 000	资本公积		
长期待摊费用	22 000	4 000	盈余公积	26 000	22 080
其他长期资产			未分配利润	45 200	159 920
无形及其他资产合计	117 000	27 000	所有者权益合计	331 200	462 000
递延税项:					
递延税款借项					
资产总计	620 000	710 000	负债及所有者权益总计	620 000	710 000

8.3 利润表

利润表,是总括反映企业在一定时期(年度、季度或月份)内经营成果的会计报表,用以反映企业一定时期内利润(或亏损)的实际情况。

➤ 8.3.1 利润表的作用

通过利润表可以了解企业利润(或亏损)的形成情况,据以分析、考核企业经营目标及利润计划的执行结果,分析企业利润增减变动的原因,以促进企业改善经营管理,不断提高管理水平和盈利水平;通过利润表可以评比对企业投资的价值和报酬,判断企业的资本是否保全;根据利润表提供的信息可以预测企业在未来期间的经营状况和盈利趋势。

➤ 8.3.2 利润表的结构

利润表一般包括表首、表体两部分。其中,表首概括说明报表名称、编制单位、编制日期、报表编号、货币名称、计量单位;表体表示利润表的主体,反映形成经营成果的各个项目和计算过程。表体的格式一般有两种:单步式利润表和多步式利润表。单步式利润表是将当期所有的收入列在一起,然后将所有的费用列在一起,两者相减得出当期净损益。多步式利润表是通过对当期的收入、费用、支出项目按性质加以归类,按利润形成的主要环节列示一些中间性的利润指标,如营业利润、利润总额、净利润,分步计算当期净损益。我国采用的是多步式利润表。

为了清楚地反映各项指标的报告期数及从年初到报告期为止的累计数,在利润表中应分别设置"本月数"和"本年累计数"两栏。

➤ 8.3.3 利润表的编制方法

利润表中的各个项目,都是根据有关会计科目记录的本期实际发生数和累计发生数分别填列的。

(1)"营业收入"项目,反映企业经营活动所取得的收入总额。本项目应根据"主营业务收入""其他业务收入"等科目的发生额分析填列。

(2)"营业成本"项目,反映企业经营活动发生的实际成本。本项目应根据"主营业务成本""其他业务成本"等科目的发生额分析填列。

(3)"营业税金及附加"项目,反映企业经营活动应负担的营业税、消费税、城市维护建设税、资源税、土地增值税和教育费附加等。本项目应根据"营业税金及附加"科目的发生额分析填列。

(4)"销售费用"项目,反映企业在销售商品和商品流通企业在购入商品过程中发生的费用。本项目应根据"营业费用"科目的发生额分析填列。

(5)"管理费用"项目,反映企业发生的管理费用。本项目应根据"管理费用"科目的发生额分析填列。

(6)"财务费用"项目,反映企业发生的财务费用。本项目应根据"财务费用"科目的发生额分析填列。

(7)"资产减值损失"项目,反映企业确认的资产减值损失。本项目应根据"资产减值损失"科目的发生额分析填列。

(8)"公允价值变动损益"项目,反映企业确认的交易性金融资产或交易性金融负债的公允价值变动额。本项目应根据"公允价值变动损益"科目的发生额分析填列。

(9)"投资收益"项目,反映企业以各种方式对外投资所取得的收益。本项目应根据"投资收益"科目的发生额分析填列;如为投资损失,以"一"号填列。

(10)"营业外收入"项目和"营业外支出"项目,反映企业发生的与其生产经营无直接关系的各项收入和支出。这两个项目应分别根据"营业外收入"科目和"营业外支出"科目的发生额分析填列。

(11)"利润总额"项目,反映企业实现的利润总额。如为亏损总额,以"一"号填列。

(12)"所得税"项目,反映企业按规定从本期损益中减去的所得税。本项目应根据"所得税"科目的发生额分析填列。

(13)"净利润"项目,反映企业实现的净利润。如为净亏损,以"一"号填列。

报表中的"本月数"应根据各有关会计科目的本期发生额直接填列;"本年累计数"栏反映各项目自年初起到本报告期止的累计发生额,应根据上月"利润表"的累计数加上本月"利润表"的本月数之和填列。年度"利润表"的"本月数"栏改为"上年数"栏时,应根据上年"利润表"的数字填列。如果上年"利润表"和本年"利润表"的项目名称和内容不相一致,应将上年的报表项目名称和数字按本年度的规定进行调整,然后填入"上年数"栏。

下面举例说明一般企业利润表的编制方法。

【例8-2】 甲公司2014年度利润表有关科目的累计发生额,如表8-3所示。

表8-3 利润表有关科目累计发生额 单位:元

科目名称	借方发生额	贷方发生额
主营业务收入		12 500 000
其他业务收入		230 000
投资收益		3 200 000
营业外收入		2 850 000
主营业务成本	8 500 000	
营业税金及附加	550 000	
其他业务成本	0	
销售费用	200 000	
管理费用	1 050 000	
财务费用	1 000 000	
资产减值损失	20 000	
营业外支出	2 000 000	
所得税费用	1 800 000	

根据以上账户记录,编制甲公司2014年度利润表,如表8-4所示。

表 8-4　利润表

编报单位:甲公司　　　　　　　2014 年 12 月　　　　　　　　　　　　　　单位:元

项目	本年累计数	上年数
一、营业收入	12 730 000	
减:营业成本	8 500 000	
营业税金及附加	550 000	
销售费用	200 000	
管理费用	1 050 000	
财务费用	1 000 000	
资产减值损失	20 000	
加:公允价值变动收益(损失以"一"号填列)	0	
投资收益(损失以"一"号填列)	3 200 000	(略)
其中:对联营企业和合并企业的投资收益	0	
二、营业利润(亏损以"一"号填列)	4 610 000	
加:营业外收入	2 850 000	
减:营业外支出	2 000 000	
其中:非流动资产处置损失	0	
三、利润总额(净亏损以"一"号填列)	5 460 000	
减:所得税费用	1 800 000	
四、净利润	3 660 000	
五、每股收益	(略)	
(一)基本每股收益	(略)	
(二)稀释每股收益	(略)	

8.4　现金流量表

➤ 8.4.1　现金及现金流量表的定义

现金流量表是指反映企业在一定会计期间经营活动、投资活动和筹资活动对现金及现金等价物产生影响的会计报表。编制现金流量表的主要目的是为报表使用者提供企业一定会计期间内现金流入和流出的有关信息,揭示企业的偿债能力和变现能力。为了更好地理解和运用现金流量表,必须正确界定如下概念:

(1)现金。现金指企业库存现金及可随时用于支付的存款。应该注意的是,银行存款和其他货币资金中有些不能随时用于支付,如不能随时支取的定期存款等,不应作为现金,而应列作投资;提前通知金融企业便可支取的定期存款,则应包括在现金范围内。

(2)现金等价物。现金等价物指企业持有的期限短、流动性强、易于转化为已知金额现金、价值变动风险很小的投资。一项投资被确认为现金等价物必须同时具备四个条件:期限短、流动性强、易于转化为已知金额现金、价值变动风险很小。其中,期限较短一般是指从购买日起三个月内到期,例如可在证券市场上流通的三个月到期的短期债券投资等。

（3）现金流量。现金流量指企业现金和现金等价物的流入和流出。应该注意的是,企业现金形式的转换不会产生现金的流入和流出,如企业从银行提取现金,是企业现金存放形式的转换,并未流出企业,不构成现金流量;同样,现金和现金等价物之间的转换也不属于现金流量,比如,企业用现金购买将于三个月到期的国库券。

8.4.2　现金及现金流量表的结构

设置现金流量表的公式为:现金净流量＝现金收入－现金支出。现金流量表分为三部分:第一部分为经营活动中的现金流量;第二部分为投资活动中的现金流量;第三部分为筹资活动中的现金流量。各部分又分别按收入项目和支出项目列示,以反映各类活动所产生的现金流入量和现金流出量,来展示各类现金流入和流出的原因。一般企业现金流量表的基本格式如表8-5所示。

表 8-5　现金流量表

编制单位:　　　　　　　年度　　　　　　　　　　　单位:元

项目	本期金额	上期金额
一、经营活动产生的现金流量		
出售商品、提供劳务收到的现金		
收到的税费返还		
收到的其他与经营活动有关的现金		
现金流入小计		
购买商品、接受劳务支付的现金		
支付给职工以及为职工支付的现金		
支付的各项税费		
支付的其他与经营活动有关的现金		
现金流出小计		
经营活动产生的现金流量净额		
二、投资活动产生的现金流量		
收回投资所收到的现金		
取得投资收益所收到的现金		
处置固定资产、无形资产和其他长期资产所收回的现金净额		
处置子公司及其他营业单位收到的现金净额		
收到的其他与投资活动有关的现金		
现金流入小计		
购建固定资产、无形资产和其他长期资产所支付的现金		
投资所支付的现金		
取得子公司及其他营业单位支付的现金净额		
支付的其他与投资活动有关的现金		
现金流出小计		
投资活动产生的现金流量净额		

项目	本期金额	上期金额
三、筹资活动产生的现金流量		
吸收投资所收到的现金		
借款所收到的现金		
收到的其他与筹资活动有关的现金		
现金流入小计		
归还债务所支付的现金		
分配股利、利润或偿付利息所支付的现金		
支付的其他与筹资活动有关的现金		
现金流出小计		
筹资活动产生的现金流量净额		
四、汇率变动对现金及现金等价物的影响		
五、现金及现金等价物净增加额		
加:期初现金及现金等价物余额		
六、期末现金及现金等价物余额		

补充资料	本期金额	上期金额
1.将净利润调节为经营活动现金流量:		
净利润		
加:资产减值准备、油气资产折旧、生产性生物资产折旧		
无形资产摊销		
长期待摊费用摊销		
处置固定资产、无形资产和其他长期资产的损失(减:收益)		
固定资产报废损失(减:收益)		
公允价值变动损失(减:收益)		
财务费用(减:收益)		
投资损失(减:收益)		
递延所得税资产减少(减:增加)		
递延所得税负债增加(减:减少)		
存货的减少(减:增加)		
经营性应收项目的减少(减:增加)		
经营性应付项目的增加(减:减少)		
其他		
经营活动产生的现金流量净额		
2.不涉及现金收支的重大投资和筹资活动:		
债务转为资本		
一年内到期的可转换公司债券		
融资租入固定资产		
3.现金及现金等价物净增加情况:		
现金的期末余额		
减:现金的期初余额		
加:现金等价物的期末余额		
减:现金等价物的期初余额		
现金及现金等价物净增加额		

1.经营活动的现金流量

经营活动的现金流量是指企业投资活动和筹资活动以外的所有交易和事项所导致的现金收入和支出。

(1)经营活动所产生的现金收入,包括出售产品、商品、提供劳务等取得的现金收入。

(2)经营活动所产生的现金支出,包括购买材料、商品及支付职工劳动报酬发生的现金支出、各项制造费用、期间费用支出、税款等支出。

2.投资活动的现金流量

投资活动的现金流量是指企业在投资活动中所导致的现金收入和支出。

(1)投资活动所产生的现金收入,包括收回投资、出售固定资产净收入等。

(2)投资活动所产生的现金支出,包括对外投资、购买固定资产等。

3.筹资活动的现金流量

筹资活动的现金流量是指企业在筹资活动中所导致的现金收入和支出。

(1)筹资活动所产生的现金收入,包括发行债券、取得借款、增加股本(增发股票)等。

(2)筹资活动中所产生的现金支出,包括偿还借款、清偿债务、支付现金股利等。

本章小结

1.会计报表是企业会计核算重要组成部分,编制会计报表是会计核算的方法之一。本章主要内容有资产负债表、利润表及利润分配表、现金流量表,通过本章学习,使读者掌握有关的重要概念,各种会计报表的结构和编制的方法,特别是资产负债表和利润表的编制。

2.会计报表是通过整理、汇总日常会计核算资料而定期编制的,用来集中、总括地反映企业单位在某一特定日期的财务状况以及某一特定时期的经营成果和现金流量的书面报告。会计报表主要包括资产负债表、利润表和现金流量表。

3.资产负债表是反映企业某一特定日期的全部资产、负债和所有者权益及其构成情况的报表,它是一张静态的报表。资产负债表的格式,使用较多的是账户式。其基本结构是左方反映资产情况,右方反映负债及所有者权益情况。它的编制有的根据总分类账户期末余额填列,有的可以直接填列,有的需要整理、汇总、计算后填列。

4.利润表是反映企业在某一时期内经营活动成果的报表,它是一张动态的报表。利润表的格式一般采用多步式,其基本结构分为四段。它的编制根据收入、费用类账户的净发生额和其他有关资料填列。

5.现金流量表是反映企业在某一会计年度内现金流入与流出情况的报表,它也是一张动态报表。现金流量表的基本内容分为三部分:经营活动的现金流量、投资活动的现金流量和筹资活动的现金流量。

复习思考题

1.什么是会计报表? 编制会计报表有何意义?

2.编制会计报表有哪些要求?

3.试述资产负债表的定义、结构及其作用。

4.试述利润表的定义、结构和编制方法。

5.试述现金流量表的定义、结构。

实务训练题

习题一

1.目的:练习资产负债表的编制。

2.资料:下表为甲企业期末余额试算平衡表。

3.要求:根据此表填制资产负债表。

期末余额试算平衡表

2014 年 12 月 31 日

账户名称	借方余额		贷方余额	
	总账	明细账	总账	明细账
现金	6 000			
银行存款	15 000			
应收账款	20 000			
其中:A 单位		8 000		
B 单位		17 000		
C 单位				5 000
原材料	83 000			
生产成本	72 000			
库存商品	94 000			
预付账款	7 500			
其中:D 单位		8 500		
E 单位				1 000
其他应收款	600			
固定资产	150 000			
累计折旧			45 000	
短期借款			70 000	
应付账款			4 800	
其中:F 单位				6 800
G 单位		3 000		
H 单位				1 000
预收账款			1 200	
其中:I 单位		700		
J 单位				1 900

账户名称	借方余额		贷方余额	
	总账	明细账	总账	明细账
应交税金			500	
长期借款			100 000	
其中:1 年内到期				10 000
实收资本			220 000	
未分配利润			6 600	
合 计	448 100		100	

习题二

1. 目的:练习利润表的编制。

2. 资料:下列资料为利润表的各损益类账户余额。

各损益账户累计余额为:"主营业务收入"1 144 900 元,"主营业务成本"944 280 元,"营业税金及附加"64 320 元,"销售费用"14 600 元,"其他业务收入"35 000 元,"其他业务成本"35 000 元,"营业外收入"800 元,"营业外支出"5 000 元,"管理费用"20 800 元,"财务费用"6 200元。

3. 要求:根据资料编制利润表。

第9章

账务处理程序

9.1　账务处理程序概述

➤ 9.1.1　账务处理程序的定义

账务处理程序,也称会计核算组织程序或会计核算形式,是指会计凭证、会计账簿、会计报表相结合的方式和记账的步骤,包括会计凭证和账簿的种类、格式,会计凭证与账簿之间的联系方法,以及由原始凭证到编制记账凭证、登记明细分类账和总分类账、编制会计报表的工作程序和方法等。其中,账簿的组织是账簿的种类、格式及其相互之间关系。记账的步骤是指从填制会计凭证登记各种账簿至编制会计报表的过程和步骤。

➤ 9.1.2　合理组织账务处理程序的原则

(1)财务处理程序要与本单位的业务性质、规模大小、繁简程度、经营管理的要求和特点等相适应,有利于及时正确提供核算资料。

(2)有利于分工合作,提高核算效率。

(3)账务处理程序要能正确、及时、完整地提供会计信息使用者需要的会计核算资料,以利于掌握资金运用现状,提高经济效益。

(4)账务处理程序在保证会计核算工作质量的前提下,力求简化核算手续,提高会计核算的工作效率。

➤ 9.1.3　账务处理程序的种类

目前,我国企业、事业、机关等单位会计核算一般采用的主要账务处理程序有以下六种:

(1)记账凭证账务处理程序。

(2)汇总记账凭证账务处理程序。

(3)科目汇总表账务处理程序。

(4)日记总账账务处理程序。

(5)多栏式日记账账务处理程序。

(6)通用日记账账务处理程序。

以上六种账务处理程序既有共同点,又有各自的特点。其中,记账凭证账务处理程序是最基本的一种,其他账务处理程序都是由此发展、演变而来的。在实际工作中,各经济单位可根据实际需要选择其中一种账务处理程序,也可将多种账务处理程序的优点结合起来使用,以满足本单位经营管理的需要,本书重点讲解记账凭证账务处理程序、汇总记账凭证账务处理程序、科目汇总表账务处理程序这三种。

9.2　记账凭证账务处理程序

➢ 9.2.1　记账凭证账务处理程序的设计要求

记账凭证账务处理程序是最基本的一种账务处理程序,在这种账务处理程序下,要求直接根据记账凭证逐笔登记总分类账。

在记账凭证账务处理程序下,应当设置现金日记账、银行存款日记账、明细分类账和总分类账。日记账和总账可采用三栏式;明细分类账可根据需要采用三栏式、数量金额式和多栏式。记账凭证一般使用收款凭证、付款凭证和转账凭证三种格式,也可采用通用记账凭证。

➢ 9.2.2　记账凭证账务处理程序的基本内容

记账凭证账务处理程序的基本内容如图 9-1 所示。

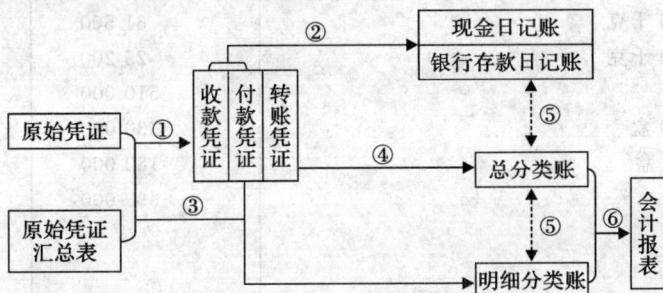

图 9-1　记账凭证账务处理程序

①根据原始凭证或原始凭证汇总表填制记账凭证;

②根据收款凭证和付款凭证逐笔登记现金日记账和银行存款日记账;

③根据原始凭证、原始凭证汇总表或记账凭证登记各种明细分类账;

④根据记账凭证逐笔登记总分类账;

⑤月末,将现金日记账、银行存款日记账的余额,以及各种明细分类账的余额合计数,分别与总分类账中相关账户的余额核对相符;

⑥月末,根据核对无误的总分类账和明细分类账的相关资料,编制会计报表。

➢ 9.2.3　记账凭证账务处理程序的优缺点及适用范围

这种账务处理程序的主要优点是简单明了,方法易学,总分类账能详细反映经济业务状况,方便会计核对与查账;但登记总分类账的工作量较大,也不利于分工。因此,其一般适用于规模较小、经济业务较简单的企业。

➤9.2.4 记账凭证核算形式实例

现以中兴公司2014年9月份经济业务为例,说明记账凭证核算形式的应用。

1.资料

中兴公司2014年9月初及9月份发生经济业务如下:

(1)2014年9月初有关科目的余额如表9-1所示。

表9-1 科目余额表 单位:元

会计科目	借方余额	贷方余额
库存现金	600	
银行存款	639 600	
应收账款	88 700	
其中:大发公司	48 700	
全顺公司	40 000	
其他应收款	680	
其中:王云	680	
原材料	86 700	
其中:甲材料5 590千克	61 500	
乙材料3 970千克	25 200	
库存商品	510 000	
其中:A产品3 000盒	330 000	
B产品2 000盒	180 000	
固定资产	690 000	
累计折旧		206 200
短期借款		450 000
应付账款		73 000
其中:西康工厂		73 000
应付职工薪酬		86 792
应交税费		84 000
应付利息		8 288
实收资本		862 000
盈余公积		109 000
本年利润		257 000
生产成本	120 000	
其中:A产品	78 000	
B产品	42 000	
合　计	2 136 280	2 136 280

"生产成本"明细账的期初余额如表9-2所示。

表9-2 "生产成本"明细账的期初余额

品名	直接材料	直接人工	制造费用	合　计
A产品	34 000	29 000	15 000	78 000
B产品	17 000	16 000	9 000	42 000

(2)中兴公司 2014 年 9 月份发生如下经济业务：

①1 日，取得短期借款 150 000 元，存入银行。

②2 日，购进甲材料 2 500 千克，单价为 10 元/千克，计 25 000 元，增值税率 17%，全部款项以存款支付。

③2 日，销售 A 产品 1 200 盒，单价为 150 元/盒，计 180 000 元，增值税率 17%，全部款项已收回入账。

④3 日，通过银行发放职工工资 70 000 元。

⑤4 日，李明因公出差预借差旅费 1 000 元，以现金支票付讫。

⑥5 日，收回大发公司的货款 48 700 元，存入银行。

⑦6 日，向全顺公司销售 B 产品 500 盒，单价为 120 元/盒，计 60 000 元，增值税率 17%，款项尚未收回。

⑧6 日，从东丰工厂购进乙材料 2 000 千克，单价为 6.20 元/千克，增值税率 17%，款项尚未支付。

⑨7 日，以存款支付修理费 3 200 元，其中：生产车间 2 700 元，行政管理部门 500 元。

⑩8 日，以存款 3 600 元支付广告费用。

⑪9 日，购进甲材料 1 500 千克，单价为 11 元/千克，计 16 500 元，增值税率 17%，全部款项以存款支付。

⑫10 日，结转上述甲、乙材料的采购成本。

⑬12 日，李明出差归来报销差旅费 950 元，退回剩余现金 50 元。

⑭13 日，以存款支付前欠西康工厂的款项 73 000 元。

⑮14 日，以存款支付电费 2 600 元，其中：生产车间 1 680 元，行政管理部门 920 元。

⑯18 日，购置设备一台，价值 30 000 元，用银行存款支付。

⑰19 日，从银行提取现金 800 元备用。

⑱20 日，以存款支付业务招待费 12 000 元。

⑲20 日，接银行付息通知，第三季度应付短期借款利息 12 800 元，企业在 7、8 月份已预提利息共 8 288 元。

⑳22 日，以存款购办公用品 270 元，其中：生产车间 120 元，行政管理部门 150 元。

㉑25 日，以存款 5 000 元对外捐赠。

㉒30 日，本月领用材料汇总如表 9-3 所示。

表 9-3 本月领用材料汇总表

部门	甲材料		乙材料	
	数量（千克）	金额（元）	数量（千克）	金额（元）
A 产品	4 000	44 000	3 000	18 900
B 产品	3 000	33 000	2 000	12 600
生产车间	800	8 800	800	5 040
行政管理部门	200	2 200		

㉓30 日,计提本月固定资产折旧 7 810 元,其中:生产车间 4 540 元,行政管理部门 3 270 元。

㉔30 日,分配本月职工工资:生产 A 产品工人工资 36 000 元、生产 B 产品工人工资 24 000 元、车间管理人员工资 4 000 元、行政管理人员工资 6 000 元。

㉕30 日,按工资总额的 14％计提职工福利费。

㉖30 日,按 A、B 产品的生产工时比例分配结转本月的制造费用,其中:A 产品的生产工时为 700 小时,B 产品的生产工时为 300 小时。

㉗30 日,结转本月完工产品成本,其中:A 产品全部完工,产量 1 600 盒,B 产品尚未完工。

㉘30 日,结转本月销售产品的成本,其中:A 产品的单位生产成本 110 元,B 产品的单位生产成本 90 元。

㉙30 日,按规定计缴本月销售税金 2 360 元。

㉚30 日,结转本期损益。

2. 记账凭证账务处理程序

(1)根据中兴公司 9 月份的经济业务填制记账凭证,为简便起见,这里以表格形式列出会计分录,见表 9-4 所示。

表 9-4 中兴公司 9 月份会计分录简表

2014 年		凭证		摘 要	会计科目	借方金额	贷方金额
月	日	字	号				
9	01	记	01	借入短期借款	银行存款 短期借款	15 000	15 000
9	02	记	02	采购甲材料	材料采购——甲材料 应交税费——应交增值税 银行存款	25 000 4 250	29 250
9	02	记	03	销售产品,款已收	银行存款 主营业务收入 应交税费——应交增值税	210 600	180 000 30 600
9	03	记	04	发放职工工资	应付职工薪酬——工资 银行存款	70 000	70 000
9	04	记	05	李明预借差旅费	其他应收款——李明 银行存款	1 000	1 000
9	05	记	06	收回大发公司所欠货款	银行存款 应收账款——大发公司	48 700	48 700
9	06	记	07	向全顺公司销售产品,款未收	应收账款——全顺公司 主营业务收入 应交税费——应交增值税	70 200	60 000 10 200
9	06	记	08	从东丰工厂采购乙材料,款未付	材料采购——乙材料 应交税费——应交增值税 应付账款——东丰工厂	12 400 2 108	14 508

2014 年 月	日	凭证 字	号	摘　要	会计科目	借方 金额	贷方 金额
9	07	记	09	支付修理费	制造费用 管理费用 银行存款	2 700 500	 3 200
9	08	记	10	支付广告费	销售费用 银行存款	3 600	 3 600
9	09	记	11	采购甲材料	材料采购——甲材料 应交税费——应交增值税 银行存款	16 500 2 805	 19 305
9	10	记	12	甲、乙材料验收入库	原材料——甲材料 　　　——乙材料 材料采购——甲材料 　　　——乙材料	41 500 12 400	 41 500 12 400
9	12	记	13	李明报销差旅费	管理费用 库存现金 其他应收款——李明	950 50	 1 000
9	13	记	14	支付前欠西康工厂货款	应付账款——西康工厂 银行存款	73 000	 73 000
9	14	记	15	支付电费	制造费用 管理费用 银行存款	1 680 920	 2 600
9	18	记	16	购置设备	固定资产 银行存款	30 000	 30 000
9	19	记	17	提取现金	库存现金 银行存款	800	 800
9	20	记	18	支付业务招待费	管理费用 银行存款	12 000	 12 000
9	20	记	19	支付第三季度短期借款利息	应付利息 财务费用 银行存款	8 288 4 512	 12 800
9	22	记	20	购入办公用品	制造费用 管理费用 银行存款	120 150	 270
9	25	记	21	对外捐赠	营业外支出 银行存款	5 000	 5 000

2014 年		凭证		摘 要	会计科目	借方金额	贷方金额
月	日	字	号				
9	30	记	22	分配本月材料费用	生产成本——A 产品	62 900	
					——B 产品	45 600	
					制造费用	13 840	
					管理费用	2 200	
					原材料——甲材料		88 000
					——乙材料		36 540
9	30	记	23	计提本月固定资产折旧	制造费用	4540	
					管理费用	3270	
					累计折旧		7 810
9	30	记	24	分配本月职工工资	生产成本——A 产品	36 000	
					——B 产品	24 000	
					制造费用	4 000	
					管理费用	6 000	
					应付职工薪酬——工资		70 000
9	30	记	25	计提职工福利费	生产成本——A 产品	5 040	
					——B 产品	3 360	
					制造费用	560	
					管理费用	840	
					应付职工薪酬——福利费		9 800
9	30	记	26	分配结转本月的制造费用	生产成本——A 产品	19 208	
					——B 产品	8 232	
					制造费用		27 440
9	30	记	27	结转本月完工产品成本	库存商品——A 产品	201 148	
					生产成本——A 产品		201 148
9	30	记	28	结转本月销售产品的成本	主营业务成本	177 000	
					库存商品——A 产品		132 000
					——B 产品		45 000
9	30	记	29	计缴本月销售税金	营业税金及附加	2 360	
					应交税费		2 360
9	30	记	30	结转本期收入	主营业务收入	240 000	
					本年利润		240 000

续表 9-4

2014 年		凭证		摘　要	会计科目	借方 金额	贷方 金额
月	日	字	号				
9	30	记	31	结转本期成本、 费用	本年利润	219 302	
					主营业务成本		177 000
					销售费用		3 600
					营业税金及附加		2 360
					管理费用		26 830
					财务费用		4 512
					营业外支出		5 000

(2)根据审核无误的记账凭证逐日逐笔登记现金日记账和银行存款日记账,如表 9-5、表 9-6 所示。

表 9-5　现金日记账

2014 年		凭证 号数	摘　要	对方科目	借方 金额	贷方 金额	借 或 贷	余额
月	日							
9	01		期初余额				借	600
	12	记 13	李明报销差旅费	其他应收款	50		借	650
	19	记 17	提取现金	银行存款	800		借	1 450
	30		本月合计		850		借	1 450

表 9-6　银行存款日记账

2014 年		凭证 号数	摘　要	结算 方式	结算 号	对方科目	借方 金额	贷方 金额	借 或 贷	余额
月	日									
9	01		期初余额	略	略				借	639 600
9	01	记 01	借入短期借款			短期借款	150 000		借	789 600
9	02	记 02	采购甲材料			材料采购等		29 250	借	760 350
9	02	记 03	销售产品			主营业务收入	210 600		借	970 950
9	03	记 04	发放职工工资			应付职工薪酬		70 000	借	900 950
9	04	记 05	李明预借差旅费			其他应收款		1 000	借	899 950
9	05	记 06	收回货款			应收账款	48 700		借	948 650
9	07	记 09	支付修理费			制造费用等		3 200	借	945 450
9	08	记 10	支付广告费			销售费用		3 600	借	941 850

2014 年 月	日	凭证号数	摘　要	结算方式	结算号	对方科目	借方金额	贷方金额	借或贷	余额
9	09	记 11	采购甲材料			材料采购等		19 305	借	922 545
9	13	记 14	支付前欠货款			应付账款		73 000	借	849 545
9	14	记 15	支付电费			制造费用等		2 600	借	846 945
9	18	记 16	购置设备			固定资产		30 000	借	816 945
9	19	记 17	提取现金			库存现金		800	借	816 145
9	20	记 18	支付业务招待费			管理费用		12 000	借	804 145
9	20	记 19	支付利息			应付利息等		12 800	借	791 345
9	22	记 20	购入办公用品			制造费用等		270	借	791 075
9	25	记 21	对外捐赠			营业外支出		5 000	借	786 075
9	30		本月合计				409 300	262 825	借	786 075

(3)根据审核无误的记账凭证逐日逐笔登记明细账,如表 9 - 7 至表 9 - 20 所示。

表 9 - 7　应收账款——大发公司

2014 年 月	日	凭证号数	摘　要	借方金额	贷方金额	借或贷	余额
9	01		期初余额			借	48 700
9	05	记 06	收回货款		48 700	平	0

表 9 - 8　应收账款——全顺公司

2014 年 月	日	凭证号数	摘　要	借方金额	贷方金额	借或贷	余额
9	01		期初余额			借	40 000
9	06	记 07	销售产品	70 200		借	110 200

表 9 - 9　其他应收款——王云

2014 年 月	日	凭证号数	摘　要	借方金额	贷方金额	借或贷	余额
9	01		期初余额			借	680

表 9 - 10　其他应收款——李明

2014 年		凭证号数	摘　要	借方金额	贷方金额	借或贷	余额
月	日						
9	04	记 05	预借差旅费	1 000		借	1 000
9	12	记 13	报销差旅费		1 000	平	0
9	30		本月合计	1 000	1 000	平	0

表 9 - 11　材料采购——甲材料

2014 年		凭证号数	摘　要	借方金额	贷方金额	借或贷	余额
月	日						
9	02	记 02	采购	25 000		借	25 000
9	09	记 11	采购	16 500		借	41 500
9	10	记 12	入库		41 500	平	0
9	30		本月合计	41 500	41 500	平	0

表 9 - 12　材料采购——乙材料

2014 年		凭证号数	摘　要	借方金额	贷方金额	借或贷	余额
月	日						
9	06	记 08	采购	12 400		借	12 400
9	10	记 12	入库		12 400	平	0
9	30		本月合计	12 400	12 400	平	0

表 9 - 13　原材料——甲材料

2014 年		凭证号数	摘要	收入			发出			结存		
月	日			数量	单价	金额	数量	单价	金额	数量	单价	金额
9	01		期初余额							5 590	11.00	61 500
9	10	记 12	入库	4 000	10.38	41 500				9 590	10.74	103 000
9	30	记 22	领用				8 000	11.00	88 000	1 590	9.43	15 000
9	30		本月合计	4 000		41 500	8 000		88 000	1 590	9.43	15 000

表 9-14 原材料——乙材料

2014 年		凭证号数	摘要	收入			发出			结存		
月	日			数量	单价	金额	数量	单价	金额	数量	单价	金额
9	01		期初余额							3 970	6.35	25 200
9	10	记 12	入库	2 000	6.20	12 400				5 970	6.30	37 600
9	30	记 22	领用				5 800	6.30	36 540	170	6.24	1 060
9	30		本月合计	2 000		12 400	5 800		36 540	170	6.24	1 060

表 9-15 库存商品——A 产品

2014 年		凭证号数	摘要	收入			发出			结存		
月	日			数量	单价	金额	数量	单价	金额	数量	单价	金额
9	01		期初余额							3 000	110.00	330 000
9	30	记 27	完工入库	1 600	125.72	201 148				4 600	115.47	531 148
9	30	记 28	销售				1 200	110.00	132 000	3 400	117.40	399 148
9	30		本月合计	1 600	125.72	201 148	1 200	110.00	132 000	3 400	117.40	399 148

表 9-16 库存商品——B 产品

2014 年		凭证号数	摘要	收入			发出			结存		
月	日			数量	单价	金额	数量	单价	金额	数量	单价	金额
9	01		期初余额							2 000	90.00	180 000
9	30	记 28	销售				500	90.00	45 000	1 500	90.00	135 000

表 9-17 应付账款——西康工厂

2014 年		凭证号数	摘要	借方金额	贷方金额	借或贷	余额
月	日						
9	01		期初余额			贷	73 000
9	13	记 14	偿付欠款	73 000		平	0

表 9-18 应付账款——东丰工厂

2014 年		凭证号数	摘要	借方金额	贷方金额	借或贷	余额
月	日						
9	06	记 08	采购材料,款未付		14 508	贷	14 508

表 9-19　生产成本——A 产品

2014 年		凭证号数	摘　要	借　方				贷方	余额
月	日			直接材料	直接人工	制造费用	合计		
9	01		期初余额	34 000	29 000	15 000	78 000		78 000
9	30	记 22	材料费用	62 900			62 900		140 900
9	30	记 24	工资费用		36 000		36 000		176 900
9	30	记 25	福利费		5 040		5 040		181 940
9	30	记 26	制造费用			19 208	19 208		201 148
9	30	记 27	完工入库					201 148	0
9	30		本月合计	62 900	41 040	19 208	123 148	201 148	0

表 9-20　生产成本——B 产品

2014 年		凭证号数	摘　要	借　方				贷方	余额
月	日			直接材料	直接人工	制造费用	合计		
9	01		期初余额	17 000	16 000	9 000	42 000		42 000
9	30	记 22	材料费用	45 600			45 600		87 600
9	30	记 24	工资费用		24 000		24 000		111 600
9	30	记 25	福利费		3 360		3 360		114 960
9	30	记 26	制造费用			8 232	8 232		123 192
9	30		本月合计	45 600	27 360	8 232	81 192		123 192

(4)根据审核无误的记账凭证逐日逐笔登记总账,如表 9-21 至表 9-46 所示。

表 9-21　库存现金

2014 年		凭证号数	摘　要	借方金额	贷方金额	借或贷	余额
月	日						
9	01		期初余额			借	600
	12	记 13	李明报销差旅费	50		借	650
	19	记 17	提取现金	800		借	1 450
	30		本月合计	850		借	1 450

表 9 - 22　银行存款

2014 年		凭证号数	摘　要	借方金额	贷方金额	借或贷	余额
月	日						
9	01		期初余额			借	639 600
9	01	记 01	借入短期借款	150 000		借	789 600
9	02	记 02	采购甲材料		29 250	借	760 350
9	02	记 03	销售产品	210 600		借	970 950
9	03	记 04	发放职工工资		70 000	借	900 950
9	04	记 05	李明预借差旅费		1 000	借	899 950
9	05	记 06	收回货款	48 700		借	948 650
9	07	记 09	支付修理费		3 200	借	945 450
9	08	记 10	支付广告费		3 600	借	941 850
9	09	记 11	采购甲材料		19 305	借	922 545
9	13	记 14	支付前欠货款		73 000	借	849 545
9	14	记 15	支付电费		2 600	借	846 945
9	18	记 16	购置设备		30 000	借	816 945
9	19	记 17	提取现金		800	借	816 145
9	20	记 18	支付业务招待费		12 000	借	804 145
9	20	记 19	支付利息		12 800	借	791 345
9	22	记 20	购入办公用品		270	借	791 075
9	25	记 21	对外捐赠		5 000	借	786 075
9	30		本月合计	409 300	262 825	借	786 075

表 9 - 23　应收账款

2014 年		凭证号数	摘　要	借方金额	贷方金额	借或贷	余额
月	日						
9	01		期初余额			借	88 700
9	05	记 06	收回货款		48 700	借	40 000
9	06	记 07	销售产品	70 200		借	110 200
9	30		本月合计	70 200	48 700	借	110 200

表 9 - 24　其他应收款

2014 年		凭证号数	摘　要	借方金额	贷方金额	借或贷	余额
月	日						
9	01		期初余额			借	680
9	04	记 05	预借差旅费	1 000		借	1 680
9	12	记 13	报销差旅费		1 000	借	680
9	30		本月合计	1 000	1 000	借	680

表 9 - 25　材料采购

2014 年		凭证号数	摘　要	借方金额	贷方金额	借或贷	余额
月	日						
9	02	记 02	采购	25 000		借	25 000
9	06	记 08	采购	12 400		借	37 400
9	09	记 11	采购	16 500		借	53 900
9	10	记 12	入库		53 900	平	0
9	30		本月合计	53 900	53 900	平	0

表 9 - 26　原材料

2014 年		凭证号数	摘　要	借方金额	贷方金额	借或贷	余额
月	日						
9	01		期初余额			借	86 700
9	10	记 12	材料验收入库	53 900		借	140 600
9	30	记 22	领用材料		124 540	借	16 060
9	30		本月合计	53 900	124 540	借	16 060

表 9 - 27　库存商品

2014 年		凭证号数	摘　要	借方金额	贷方金额	借或贷	余额
月	日						
9	01		期初余额			借	510 000
9	30	记 27	产品完工入库	201 148		借	711 148
9	30	记 28	销售		177 000	借	534 148
9	30		本月合计	201 148	177 000	借	534 148

表 9 - 28　固定资产

2014 年		凭证号数	摘　要	借方金额	贷方金额	借或贷	余额
月	日						
9	01		期初余额			借	690 000
9	18	记 16	购置设备	30 000		借	720 000

表 9 - 29　累计折旧

2014 年		凭证号数	摘　要	借方金额	贷方金额	借或贷	余额
月	日						
9	01		期初余额			贷	206 200
9	30	记 23	计提折旧		7 810	贷	214 010

表 9 - 30　短期借款

2014 年		凭证号数	摘　要	借方金额	贷方金额	借或贷	余额
月	日						
9	01		期初余额			贷	450 000
9	01	记 01	借入短期借款		150 000	贷	600 000

表 9 - 31　应付账款

2014 年		凭证号数	摘　要	借方金额	贷方金额	借或贷	余额
月	日						
9	01		期初余额			贷	73 000
9	06	记 08	购料，款未付		14 508	贷	87 508
9	13	记 14	偿付	73 000		贷	14 508
9	30		本月合计	73 000	14 508	贷	14 508

表 9 - 32　应付职工薪酬

2014 年		凭证号数	摘　要	借方金额	贷方金额	借或贷	余额
月	日						
9	01		期初余额			贷	86 792
9	03	记 04	发放工资	70 000		贷	16 792

续表 9 - 32

2014 年		凭证号数	摘　要	借方金额	贷方金额	借或贷	余额
月	日						
9	30	记 24	分配工资费用		70 000	贷	86 792
9	30	记 25	提取职工福利费		9 800	贷	96 592
9	30		本月合计	70 000	79 800	借	96 592

表 9 - 33　应交税费

2014 年		凭证号数	摘　要	借方金额	贷方金额	借或贷	余额
月	日						
9	01		期初余额			贷	84 000
9	02	记 02	采购材料	4 250		贷	79 750
9	02	记 03	销售产品		30 600	贷	110 350
9	06	记 07	销售产品		10 200	贷	120 550
9	06	记 08	采购材料	2 108		贷	118 442
9	09	记 11	采购材料	2 805		贷	115 637
9	30	记 29	计缴销售税金		2 360	贷	117 997
9	30		本月合计	9 163	43 160	贷	117 997

表 9 - 34　应付利息

2014 年		凭证号数	摘　要	借方金额	贷方金额	借或贷	余额
月	日						
9	01		期初余额			贷	8 288
9	20	记 19	支付利息	8 288		平	0

表 9 - 35　实收资本

2014 年		凭证号数	摘　要	借方金额	贷方金额	借或贷	余额
月	日						
9	01		期初余额			贷	862 000

表 9 - 36　盈余公积

2014 年		凭证号数	摘　要	借方金额	贷方金额	借或贷	余额
月	日						
9	01		期初余额			贷	109 000

表 9-37　本年利润

2014 年		凭证号数	摘　要	借方金额	贷方金额	借或贷	余额
月	日						
9	01		期初余额			贷	257 000
9	30	记 30	结转本期收入		240 000	贷	497 000
9	30	记 31	结转本期成本费用	219 302		贷	277 698
9	30		本月合计	219 302	240 000	贷	277 698

表 9-38　生产成本

2014 年		凭证号数	摘　要	借方金额	贷方金额	借或贷	余额
月	日						
9	01		期初余额			借	120 000
9	30	记 22	领用材料	108 500		借	228 500
9	30	记 24	分配工资	60 000		借	288 500
9	30	记 25	提取职工福利费	8 400		借	296 900
9	30	记 26	结转制造费用	27 440		借	324 340
9	30	记 27	产品完工		201 148	借	123 192
9	30		本月合计	204 340	201 148	借	123 192

表 9-39　制造费用

2014 年		凭证号数	摘　要	借方金额	贷方金额	借或贷	余额
月	日						
9	07	记 09	支付修理费	2 700		借	2 700
9	14	记 15	支付电费	1 680		借	4 380
9	22	记 20	购买办公用品	120		借	4 500
9	30	记 22	领用材料	13 840		借	18 340
9	30	记 23	计提折旧	4 540		借	22 880
9	30	记 24	分配工资	4 000		借	26 880
9	30	记 25	提取职工福利费	560		借	27 440
9	30	记 26	结转制造费用		27 440	平	0
9	30		本月合计	27 440	27 440	平	0

表 9 - 40　主营业务收入

2014 年		凭证号数	摘　要	借方金额	贷方金额	借或贷	余额
月	日						
9	02	记 03	销售产品		180 000	贷	180 000
9	06	记 07	销售产品		60 000	贷	240 000
9	30	记 30	结转本期收入	240 000		平	0
9	30		本月合计	240 000	240 000	平	0

表 9 - 41　主营业务成本

2014 年		凭证号数	摘　要	借方金额	贷方金额	借或贷	余额
月	日						
9	30	记 28	销售产品	177 000		借	177 000
9	30	记 31	结转成本费用		177 000	平	0
9	30		本月合计	177 000	177 000	平	0

表 9 - 42　销售费用

2014 年		凭证号数	摘　要	借方金额	贷方金额	借或贷	余额
月	日						
9	08	记 10	支付广告费	3 600		借	3 600
9	30	记 31	结转成本费用		3 600	平	0
9	30		本月合计	3 600	3 600	平	0

表 9 - 43　营业税金及附加

2014 年		凭证号数	摘　要	借方金额	贷方金额	借或贷	余额
月	日						
9	30	记 29	计缴销售税金	2 360		借	2 360
9	30	记 31	结转成本费用		2 360	平	0
9	30		本月合计	2 360	2 360	平	0

表 9-44 管理费用

2014 年		凭证号数	摘　要	借方金额	贷方金额	借或贷	余额
月	日						
9	07	记09	支付修理费	500		借	500
9	12	记13	李明报销差旅费	950		借	1 450
9	14	记15	支付电费	920		借	2 370
9	20	记18	支付业务招待费	12 000		借	14 370
9	22	记20	购买办公用品	150		借	14 520
9	30	记22	领用材料	2 200		借	16 720
9	30	记23	计提折旧	3 270		借	19 990
9	30	记24	分配工资	6 000		借	25 990
9	30	记25	提取职工福利费	840		借	26 830
9	30	记31	结转成本费用		26 830	平	0
9	30		本月合计	26 830	26 830	平	0

表 9-45 财务费用

2014 年		凭证号数	摘　要	借方金额	贷方金额	借或贷	余额
月	日						
9	20	记19	支付利息	4 512		借	4 512
9	30	记31	结转成本费用		4 512	平	0
9	30		本月合计	4 512	4 512	平	0

表 9-46 营业外支出

2014 年		凭证号数	摘　要	借方金额	贷方金额	借或贷	余额
月	日						
9	25	记21	对外捐赠	5 000		借	5 000
9	30	记31	结转成本费用		5 000	平	0
9	30		本月合计	5 000		平	0

　　(5)根据核对无误的总分类账、明细分类账的相关资料,编制期末科目余额汇总表,如表9-47、表9-48所示。

表 9-47　资产、负债、所有者权益类期末科目余额汇总表

会计科目	借方余额	贷方余额
库存现金	1 450	
银行存款	786 075	
应收账款	110 200	
其中:大发公司	0	
全顺公司	110 200	
其他应收款	680	
其中:王云	680	
生产成本	123 192	
其中:A 产品	0	
B 产品	123 192	
原材料	16 060	
其中:甲材料 1 590 千克	15 000	
乙材料 170 千克	1 060	
库存商品	534 148	
其中:A 产品 3 400 盒	399 148	
B 产品 1 500 盒	135 000	
固定资产	720 000	
累计折旧		214 010
短期借款		600 000
应付账款		14 508
其中:东丰工厂		14 508
应付职工薪酬		96 592
应交税费		117 997
应付利息		0
实收资本		862 000
盈余公积		109 000
本年利润		277 698
合　　计	2 291 805	2 291 805

表 9-48　收入、费用类期末科目余额汇总表

会计科目	借方余额	贷方余额
主营业务收入		240 000
主营业务成本	177 000	
销售费用	3 600	
营业税金及附加	2 360	
管理费用	26 830	
财务费用	4 512	
营业外支出	5 000	
所得税	5 084.5	

(6)根据账簿记录及科目余额汇总表,编制资产负债表与利润表如表9-49、表9-50所示。

表9-49 资产负债表

会企01表

编制单位:中兴公司　　　　2014 年 9 月 30 日　　　　　　　　　　单位:元

资　产	期末余额	年初余额	负债和所有者权益（或股东权益）	期末余额	年初余额
流动资产:			流动负债:		
货币资金	787 525		短期借款	600 000	
交易性金融资产			交易性金融负债		
应收票据			应付票据		
应收账款	110 200		应付账款	14 508	
预付款项			预收款项		
应收利息			应付职工薪酬	96 592	
应收股利			应交税费	117 997	
其他应收款	680		应付利息		
存货	673 400		应付股利		
一年内到期的非流动资产			其他应付款		
其他流动资产			一年内到期的非流动负债		
流动资产合计	1 571 805		其他流动负债		
非流动资产:			流动负债合计	829 097	
可供出售金融资产			非流动负债:		
持有至到期投资			长期借款		
长期应收款			应付债券		
长期股权投资			长期应付款		
投资性房地产			专项应付款		
固定资产原值	720 000		预计负债		
减:累计折旧	214 010		递延所得税负债		
固定资产净值	505 990		其他非流动负债		
在建工程			非流动负债合计		
工程物资			负债合计	829 097	
固定资产清理			所有者权益(或股东权益):		

资　　产	期末余额	年初余额	负债和所有者权益（或股东权益）	期末余额	年初余额
生产性生物资产			实收资本（或股本）	862 000	
油气资产			资本公积		
无形资产			减:库存股		
长期待摊费用			盈余公积	109 000	
递延所得税资产			未分配利润	277 698	
其他非流动资产			所有者权益合计	1 248 698	
非流动资产合计	505 990				
资产总计	2 077 795		负债和所有者权益总计	2 077 795	

表 9 - 50　利润表

会企02表

编制单位：　　　　　　　　　2014 年 9 月　　　　　　　　　单位:元

项　　目	本期金额	上期金额
一、营业收入	240 000	
减:营业成本	177 000	
营业税金及附加	2 360	
销售费用	3 600	
管理费用	26 830	
财务费用	4 512	
资产减值损失		
加:公允价值变动收益(损失以"-"号填列)		
投资收益(损失以"-"号填列)		
其中:对联营企业和合营企业的投资收益		
二、营业利润(亏损以"-"号填列)	25 698	
加:营业外收入		
减:营业外支出	5 000	

项　目	本期金额	上期金额
其中:非流动资产处置损失		
三、利润总额(亏损总额以"－"号填列)	20 698	
减:所得税费用	5 084.5	
四、净利润(净亏损以"－"号填列)	15 613.5	
五、每股收益		
(一)基本每股收益		
(二)稀释每股收益		

9.3　汇总记账凭证账务处理程序

➤ 9.3.1　汇总记账凭证账务处理程序的设计要求

汇总记账凭证账务处理程序区别于其他账务处理程序的主要特点是:定期将记账凭证分类编制汇总记账凭证,然后根据汇总记账凭证登记总分类账。

采用汇总记账凭证账务处理程序时,其账簿设置、各种账簿的格式以及记账凭证的种类和格式基本上与记账凭证账务处理程序相同。但应增设汇总记账凭证、汇总收款凭证和汇总转账凭证,以作为登记总分类账的依据。另外,总分类账的账页格式必须增设"对应账户"栏。

➤ 9.3.2　总记账凭证及其编制方法

汇总记账凭证分为汇总收款凭证、汇总付款凭证和汇总转账凭证三种。它是根据收款凭证、付款凭证和转账凭证定期汇总编制而成,间隔天数视业务量多少而定,一般 5 天或 10 天汇总填制一次,每月编制一张。

汇总收款凭证应根据现金和银行存款收款凭证,分别按"现金""银行存款"的借方设置,按对应贷方科目进行归类汇总。月末,结算出汇总收款凭证的合计数,分别计入现金、银行存款总分类账的借方以及其各对应账户总分类账的贷方。

汇总付款凭证应根据现金和银行存款付款凭证,分别按"现金""银行存款"的贷方设置,按对应借方科目进行归类汇总。月末,结算出汇总付款凭证的合计数,分别计入现金、银行存款总分类账的贷方以及其各对应账户总分类账的借方。

在填制时,若现金和银行存款之间的相互划转业务,则应按付款凭证进行汇总,以免重复。如将现金存入银行的业务,只需根据现金付款凭证汇总,银行存款收款凭证就不再汇总。

汇总转账凭证应根据转账凭证中有关账户的贷方设置,按对应借方科目进行归类汇总。月末,结算出汇总转账凭证的合计数,分别计入该汇总转账凭证所开设的应贷账户总分类账的贷方,以及其各对应账户总分类账的借方。

为便于汇总转账凭证的编制,所有转账凭证应是一贷一借或一贷多借,否则,会给汇总凭证的编制带来不便。

▶9.3.3 汇总记账凭证账务处理程序的基本内容

汇总记账凭证账务处理程序的基本内容如图9-2所示。

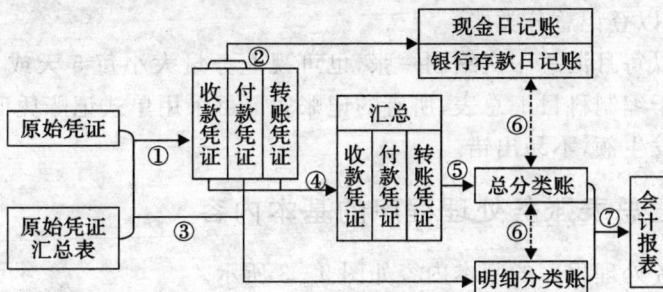

图9-2 汇总记账凭证账务处理程序

①据原始凭证或原始凭证汇总表填制记账凭证。

②据收款凭证和付款凭证逐笔登记现金日记账和银行存款日记账。

③据原始凭证、原始凭证汇总表或记账凭证登记各种明细分类账。

④据记账凭证定期编制各种汇总记账凭证。

⑤月末,根据编制的汇总记账凭证登记总分类账。

⑥月末,将现金日记账、银行存款日记账的余额,以及各种明细分类账的余额合计数,分别与总分类账中相关账户的余额核对相符。

⑦月末,根据核对无误的总分类账和明细分类账的相关资料,编制会计报表。

▶9.3.4 汇总记账凭证账务处理程序的优缺点及适用范围

这种账务处理程序的主要优点是:能通过汇总记账凭证中有关科目的对应关系,了解经济业务的来龙去脉,而且可大大简化总分类账的登记工作。缺点是:由于汇总转账凭证是根据每一账户的贷方而不是按经济业务类型归类汇总的,故不利于会计分工。因此,其一般适用于规模较大、经济业务较多的企业。

9.4 科目汇总表账务处理程序

▶9.4.1 科目汇总表账务处理程序的设计要求

在科目汇总表账务处理程序下,要求定期将记账凭证编制成科目汇总表,然后根据科目汇总表登记总分类账。

采用科目汇总表账务处理程序时,其账簿设置、各种账簿的格式以及记账凭证的种类和格式基本上与记账凭证账务处理程序相同。但应增设科目汇总表,以作为登记总分类账的依据。

▶9.4.2 科目汇总表的填制方法

科目汇总表的填制方法是：先将汇总期内各项经济业务所涉及的会计科目填列在科目汇总表的"会计科目"栏内，填列的顺序最好与总分类账上会计科目的顺序相同，以便于登记总分类账；然后，依据汇总期内所有的记账凭证，按照相同的会计科目归类，分别计算各会计科目的借方发生额和贷方发生额，并将其填入科目汇总表的相应栏内；最后，进行本期发生额试算平衡。试算无误后，据以登记总分类账。

科目汇总表可以每月汇总一次编制一张，也可视业务量大小每 5 天或 10 天汇总一次，每月编制一张。为便于编制科目汇总表，所有的记账凭证可采用单式记账凭证来填制，这样便于汇总计算其借贷方发生额，不易出错。

▶9.4.3 科目汇总表账务处理程序的基本内容

科目汇总表账务处理程序的基本内容如图 9-3 所示。

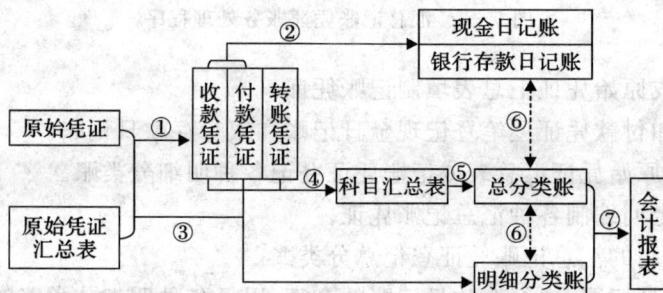

图 9-3 科目汇总表账务处理程序

①据原始凭证或原始凭证汇总表填制记账凭证。
②据收款凭证和付款凭证逐笔登记现金日记账和银行存款日记账。
③根据原始凭证、原始凭证汇总表或记账凭证登记各种明细分类账。
④根据记账凭证定期编制科目汇总表。
⑤月末，根据编制的科目汇总表登记总分类账。
⑥月末，将现金日记账、银行存款日记账的余额，以及各种明细分类账的余额合计数，分别与总分类账中相关账户的余额核对相符。
⑦月末，根据核对无误的总分类账和明细分类账的相关资料，编制会计报表。

▶9.4.4 科目汇总表账务处理程序的优缺点及适用范围

这种账务处理程序的主要优点是：根据定期编制的科目汇总表登记总分类账，可大大简化总分类账的登记工作；其次，通过科目汇总表的编制，可进行发生额试算平衡，及时发现差错。缺点是：由于科目汇总表是定期汇总计算每一账户的借方、贷方发生额，并不考虑账户间的对应关系，因而在科目汇总表和总分类账中，不能明确反映账户的对应关系，不便于了解经济业务的具体内容。其主要适用于经济业务量较大的企业。

本章小结

账务处理程序是从取得原始凭证到产生会计信息的一系列步骤和方法。通过本章的学习,要求理解合理建立账务处理程序的意义和基本要求,明确各种账务处理程序的核算要求、基本内容和适用范围,熟练掌握记账凭证账务处理程序、汇总记账凭证账务处理程序和科目汇总表账务处理程序。

复习思考题

1. 试述账务处理程序的意义。
2. 试述确定账务处理程序的要求。
3. 试比较各种账务处理程序的基本内容、特点及其适用范围。

实务训练题

练习记账凭证核算形式

现以中信公司 2014 年 8 月份发生的经济业务为例,说明记账凭证核算形式的应用。该公司 7 月底的资产负债表如下所示。

资产负债表

编制单位:中信公司　　　　　　7 月 31 日　　　　　　　　　　　　　　单位:元

资产		负债及所有者权益	
流动资产		流动负债	
货币资金	200 400	短期借款	350 000
应收账款	30 000	应付账款	40 000
其他应收款	2 400	其他应付款	1 100
存货	579 000	应付工资	60 000
原材料	454 000	应付福利费	750
库存商品	125 000	应交税金	800
待摊费用	1 500	预提费用	650
流动资产合计	813 300	流动负债合计	453 300
固定资产		所有者权益	
固定资产原值	850 000	实收资本	1 000 000
减:累计折旧	115 000	资本公积	50 000
固定资产净值	735 000	未分配利润	105 000
在建工程	60 000		
固定资产合计	795 000	所有者权益合计	1 155 000
资产合计	1 608 300	负债及所有者权益合计	1 608 300

注:1. 货币资金包括现金 400 元,银行存款 200 000 元。

　　2. 原材料包括:甲材料 1 500 吨,单价 200 元;乙材料 154 吨,单价 1 000 元。

　　3. 产成品包括:A 产品 250 件,单价 300 元;B 产品 500 件,单价 100 元。

该公司8月份发生了下列经济业务：

(1)1日,为支付7月份员工工资和补充备用金,从银行提取现金70 000元。

(2)2日,以现金发放7月份职工工资60 000元。

(3)2日,公司财务部购买办公用品100元,用现金支付。

(4)2日,从大宇公司购入甲材料500吨,单价200元,增值税率17%,款项尚未支付。

(5)3日,上项甲材料验收入库,按实际成本结转。

(6)3日,收回立达公司所欠货款12 000元,已划存银行。

(7)5日,采购员李林借差旅费1 500元,用现金支付。

(8)5日,采购员黄华报差旅费350元,结清原借款。

(9)5日,用银行存款归还所欠大宇公司材料款100 000元。

(10)5日,从川化公司购入乙材料25吨,单价1 000元,计25 000元,增值税额4 250元,款项以银行存款付讫。

(11)5日,上项乙材料验收入库,按实际成本结转。

(12)6日,向恒博公司销售A产品100件,单价600元,计60 000元,增值税额10 200元,款项尚未收到。

(13)6日,以现金支付销售A产品的装卸、运输费用共计450元。

(14)1—10日,共发出甲材料450吨,其中A产品生产用150吨,B产品生产用300吨;发出乙材料30吨,其中A产品生产用10吨,B产品生产用20吨。

(15)11日,财务部上交税金800元以银行存款支付。

(16)15日,李林报差旅费1 500元,结清原借款。

(17)15日,以银行存款支付公司广告费4 000元。

(18)15日,接银行付款通知单,支付银行承兑手续费1 500元。

(19)15日,收取黄华保证金现金250元。

(20)20日,接银行收款通知单,收回恒博公司所欠货款50 000元。

(21)20日,港逸公司捐赠一台新设备,价值4 300元,已投入使用。

(22)23日,港逸公司购买A产品50件,B产品80件,单价分别为550元和280元,货款共计49 900元,增值税额8 483元,均由银行当日收讫。

(23)31日,计算应付8月份职工工资,其中A产品生产工人工资8 000元,B产品生产工人工资4 000元,车间管理人员工资1 200元,公司管理人员工资1 500元。按14%的比例提取职工福利费。

(24)31日,计提本月固定资产折扣,车间提取4 500元,公司管理部门提取1 000元。

(25)31日,按生产工人工资分配结转本月制造费用。

(26)31日,预提本月应付短期借款利息1 350元。

(27)31日,经批准,本月被盗现金600元,作为非常损失处理。

(28)31日,全月投入生产的A、B产品分别为175件、850件,全部完工入库,计算实际生产成本并转账。

（29）31 日，结转本月已售产品生产成本（按先进先出法转结）。

（30）31 日，计算本月应交销售税金 1 200 元。

（31）31 日，将本月收入与费用结转"本年利润"账户。

（32）31 日，结转本月实现利润。

第10章

会计工作的组织

10.1 会计工作组织的含义和要求

➤ 10.1.1 会计工作组织的含义

从广义上讲，凡是与组织会计工作有关的一切事项都可以包括在会计组织之内。从狭义上讲，会计工作组织仅包括会计人员的配备、会计机构的设置、会计法规的制定与执行以及会计档案的保管。科学地组织会计工作，对全面完成会计任务，充分发挥会计在经济管理中的作用具有重要的意义。

会计工作是一项严密细致的经济管理工作。会计为经营管理所提供的会计信息，要经过填制会计凭证、登记会计账簿、编制财务报表等一系列方法及相应的手续和程序对数据进行记录、计算、分类、汇总、分析、检查等。会计数据的传输、加工在各种手续、各个步骤之间存在着密切的联系。在实际工作中，往往由于某种手续的遗漏或者某道工作程序的脱节，或者某一数字的差错，而造成会计信息不正确、不及时，从而贻误工作，甚至造成决策失误。科学地组织会计工作，使会计工作按照预先规定的手续和处理程序有条不紊地进行，可以有效地防止手续的遗漏、工作程序的脱节和数字的差错。一旦出现上述问题，也能尽快查出和纠正。会计工作是一项综合性的经济管理工作，它和其他经济管理工作有着十分密切的联系。它们在加强科学管理、提高效益的共同目标下，相互补充，相互促进，相互影响。科学地组织会计工作，能使会计工作同其他经济管理工作更加协调，共同完成经济管理任务。

➤ 10.1.2 科学组织会计工作的要求

1. 按国家的统一要求组织会计工作

在社会主义市场经济条件下，会计所提供的会计信息，既要满足有关各方了解会计主体的财务状况、经营成果、财务收支情况以及加强内部经营管理的需要，还应当符合国家宏观经济管理的要求。据此，会计工作要由国家统一管理，按照"统一领导，分级管理"的原则建立会计工作的管理体制。《中华人民共和国会计法》明确规定国务院财政部门管理全国的会计工作，县级以上地方各级人民政府财政部门管理本行政区域内的会计工作，各企事业和行政机关等单位组织会计工作，必须符合国家会计工作的统一要求。

2. 根据各单位生产经营管理的特点来组织会计工作

国家对组织会计工作的统一要求，只是一般的原则规定。每个会计主体经济活动范围、业务内容不同，对会计信息的要求也有差别，各单位必须结合实际情况和具体要求，加以贯彻和落实。因此,对会计机构的设置和会计人员的配备,以及对统一会计法规的执行等方面,都要结合本单位业务经营的特点和经营规模的大小等具体情况,作出切合实际的安排和具体实施办法。

3.协调同其他经济管理工作的关系

会计工作是一项综合性的经济管理工作。它既有其独立的工作内容和范围,又与其他经济管理工作有着十分密切的联系。各单位发生的经济业务,都要通过会计予以反映和监督。会计工作同其他经济管理工作之间既有分工又有协作。在组织会计工作时,要同其他各项经济管理工作互相协调、互相配合,共同完成任务。

4.不断提高会计工作质量,提高效益

会计信息应当符合国家宏观经济管理的要求,满足有关各方了解本单位财务状况、经营成果和财务收支情况的需要,满足本单位内部经营管理的需要。为了提供会计信息,会计人员要将日常发生的、大量的、错综复杂的经济业务,通过确认、计量、记录、报告等一系列程序和手续,将其转换为供有关各方利用的会计信息。这是一项要求严密而又细致的工作,需要精心设计,科学组织。会计信息质量不高,甚至出现差错或遗漏,都将造成不良的后果。因此,要求严密地组织会计工作,细致地规定和执行各项会计手续和工作程序。在保证会计工作质量的同时,也要注意提高会计工作效率,尽量节约会计工作时间和费用,防止机构重叠、手续繁杂、重复劳动等不合理的现象发生。

10.2　会计人员

会计人员是从事会计工作、处理会计业务、完成会计任务的人员。企事业、行政机关等单位,都应根据实际需要配备一定数量的会计人员,这是做好会计工作的决定性因素。

为了充分发挥会计人员的积极性,使全体会计人员更好地完成会计工作任务,在《中华人民共和国会计法》和有关会计人员管理的法规中,对会计人员的职责与权限、专业职务、任免和奖惩等都作了明确的规定。

➤ 10.2.1　会计人员的职责

会计人员的职责,概括起来就是及时提供真实可靠的会计信息,认真贯彻执行和维护国家财经制度和财经纪律,积极参与经营管理,提高经济效益。根据会计法的规定,会计人员的主要职责有以下几方面:

1.进行会计核算

会计人员要以实际发生的经济业务为依据开展记账、算账、报账工作,做到手续完备,内容真实,数字准确,账目清楚,日清月结,按期报账,如实反映财务状况、经营成果和财务收支情况,满足国家宏观经济管理,企业加强内部经营管理和有关各方了解本单位财务状况、经营成果、财务收支情况的需要。进行会计核算,及时地提供真实可靠的、能满足有关各方需要的会计信息,是会计人员最基本的职责,也是做好会计工作的最起码的要求。

2.实行会计监督

各单位的会计机构、会计人员对本单位实行会计监督。会计人员对不真实、不合法的原始凭证,不予受理;对记载不准确、不完整的原始凭证,予以退回,要求更正补充;发现账簿记录与实物、款项不符的时候,应当按照有关规定进行处理;无权自行处理的,应当立即向本单位行政领导人报告,请求查明原因,作出处理;对违反国家统一的财政制度、财务制度规定的收支,不予办理。

各单位必须接受审计机关、财政机关和税务机关依照法律和国家有关规定进行的监督,如实提供会计凭证、会计账簿、会计报表和其他会计资料以及有关情况,不得拒绝、隐匿、谎报。

3. 拟定本单位办理会计事务的具体办法

国家制定的统一的会计法规只对会计工作管理和会计事务处理办法作出一般规定。各单位要依据国家颁发的会计法规,结合本单位的特点和需要,建立健全本单位内部使用的会计事项处理办法,例如,建立会计人员岗位责任制、内部牵制和稽核制度;制定分级核算、分级管理办法和费用开支报销手续办法,等等。

4. 参与拟订经济计划、业务计划,考核、分析预算、财务计划的执行情况

各单位编制的经济计划或业务计划是指导该单位经济活动或业务活动的主要依据,也是会计人员编制财务计划的重要依据。会计人员参与经济计划、业务计划的制订,不仅有利于编制切实可行的财务计划,而且可以发挥会计人员联系面广泛、经济信息灵通的优势,在拟订经济、业务计划方面起到参谋作用。

会计人员通过会计核算和会计监督,可以考核、检查各项收支预算或财务计划的执行情况,提出进一步改善经营管理、提高经济效益的建议和措施。

5. 办理其他会计事务

发展经济离不开会计,经济越发展,社会分工越细,生产力水平越高,人们对经济管理的要求也就越高,作为经济管理的重要组成部分的会计也就越重要,会计事务也必然日趋丰富多样。例如,实行责任会计、经营决策会计、电算化会计等。

会计人员的职责是考核会计人员工作质量的重要标准。会计人员应守职尽责,努力做好会计核算、会计监督、会计分析、会计检查等各项会计工作,为社会主义建设事业服务。

➤ 10.2.2　会计人员的工作权限

为了保障会计人员能够顺利地履行自己的职责,国家对他们赋予了必要的工作权限,主要有以下几方面:

(1)有权要求本单位有关部门、人员认真执行国家批准的计划、预算,遵守国家财政纪律和财务会计制度,如有违反,会计人员有权拒绝付款、拒绝报销和拒绝执行,并向本单位领导人报告,对于弄虚作假、营私舞弊、欺骗上级等违法乱纪行为,会计人员必须坚持拒绝执行,并向本单位领导人或上级机关、财政部门报告。

(2)有权参与本单位编制计划,制定定额、签订经济合同,参加有关的生产、经营管理会议,领导人和有关部门对会计人员提出的有关财务开支和经济效果方面的问题和意见,要认真考虑,合理的意见要加以采纳。

(3)有权监督、检查本单位有关部门的财务收支、资金使用和财务保管、收发、计量、检验等情况。

10.3 会计机构

会计机构是贯彻执行党和国家方针政策,制定和执行会计制度,组织领导和处理会计工作的职能机构。合理设置会计机构,明确工作任务,是保证会计工作顺利进行的重要条件。

➤ 10.3.1 会计机构的设置

我国会计管理机构的设置一般分为三个层次:中央和省、市地方财政设立会计事务管理机构,负责领导全国会计工作;中央和地方各级企业管理机关设置会计事务管理机构,负责组织、领导和监督所属单位的会计工作;基层企业设置会计事务管理机构(如会计处、科、组),在厂长、经理或总会计师领导下,负责办理本单位的会计工作,接受上级会计事务管理机构的指导和监督。

由于会计工作(主要是会计核算)同财务工作(主要是财务管理)都是综合性的经济管理工作,它们之间的关系又非常密切,因此,通常把二者结合起来,设置一个财务会计机构(如财会处、科、组)来统一办理财务工作和会计工作。企业和机关、事业单位都应当单独设置财务会计机构。财务机构是各单位内部组织领导和直接从事财务工作的职能部门。会计机构是各单位内部组织领导和直接从事会计工作的职能部门。目前,我国应逐步推行财务与会计分设机构,以利于相互监督、互相促进,防止职责不清、相互扯皮和"重会计核算轻财务管理"的现象。对规模小、人员少、业务简单的单位,可以在有关机构中设置会计人员,并指定会计主管人员。不具备条件的,可以委托经批准设立的会计咨询、服务机构进行代理记账。

国有和国有资产占控股地位或者主导地位的大中型企业必须设置总会计师。事业单位和业务主管部门经批准可以设置总会计师。总会计师由取得会计师任职资格并主管一个单位内一个重要方面的财务会计工作时间不少于 3 年的人员担任。会计机构内部应当建立稽核制度。同时,应当根据业务的繁简进行合理分工。规模较大的企业,在财务会计科内还分设若干职能组。例如有些工业企业的财务会计科分设:材料组、工资组、成本组、财务组、费用组,分别负责有关业务的核算、分析和检查工作,不属于各职能组的财务会计工作以及全科的各项综合性工作,则另设综合组负责办理。

➤ 10.3.2 会计机构的组织形式

会计机构的组织形式是由企业的规模和它所担负的任务决定的,一般可分为独立核算机构和非独立核算机构。非独立核算机构又可分为半独立核算和报账单位。

1. 独立核算

企业实行独立核算必须具备一定的条件,通常要有一定的自有资金,有独立经营的自主权,能单独编制计划,单独计算盈亏,单独在银行开户并经工商行政部门注册登记。独立核算单位必须全面地进行记账、独立对外结算和定期编制财务会计报告。

实行独立核算单位的记账工作组织形式又可分为集中核算和分散核算两种。集中核算是账务工作全部在会计部门进行,各车间、部门一般不进行单独核算,而只是对所发生的经济业务进行原始记录,办理原始凭证手续,并对原始凭证进行适当汇总,定期将原始凭证或汇总原始凭证送交财务会计部门进行总分类核算和明细分类核算。其优点是可以减少核算环节,简化核算手续,有利于及时掌握全面的经营情况和精简人员,一般适合于中、小型企业。分散核算是指企业所属的分厂、车间根据生产经营的原始凭证,登记账簿,定期编制记账凭证汇总表向财务会计部门报账(这种单位称为报账单位),或由部门编制本部门的会计报表送财务会计部门汇总编表(这种单位称为半独立核算单位),其编制方法类似合并会计报表的编制,将在财务会计学中介绍。这种组织形式一般适用于大型企业。所以,一个企业实行集中核算还是分散核算,应视企业规模大小和经营管理的要求而决定。而且往往一个企业对某些会计业务采用集中核算,而对另一些业务又采用非集中核算。但无论采用哪种组织形式,企业对外的现金往来、物资购销、债权债务和结算都应由财务会计部门集中办理。

2. 半独立核算

半独立核算是指独立核算企业所属的分厂、车间或生产、业务单位,其规模比较大,生产、经营上有一定的独立性,但不具备完全独立核算的某些必要条件,如不能在银行单独开户、没有独立的资金等。这些单位配备一定的会计人员,单独编制会计凭证、单独记账和编制财务会计报告,然后送会计部门汇总编表。其优点是部门负责人和职工能及时掌握部门的生产成本、经营情况和财务成果,动员职工参加企业管理。这种核算组织对实行经济责任制更为需要。

3. 报账单位

报账单位是指企业内部各部门本身不单独计算盈亏,只记录和计算几个主要指标,进行简易核算,以考核其工作质量。这些单位如商品流通企业所属的门市部和分销店,平时只向上级领取备用金,定期向上级报销,一次收入全部解缴上级,由财会部门集中进行核算。

10.4　会计规范

会计规范是处理会计事务的法律、原则、程序和方法的总称,是进行会计工作的规则和准则。要使会计工作有组织、有秩序地进行,发挥其在核算、监督和加强经营管理、提高经济效益中的作用,必须建立科学的会计规范。

➤ 10.4.1　我国会计规范的分层

当前,我国会计规范基本上分为四个层次:一是全国性综合法规,由国家统一制定。《中华人民共和国会计法》是我国会计工作的根本大法,是会计工作的最高准则。二是《企业会计准则》,由财政部制定,作为企业会计制度的依据。三是财政部颁布的《企业会计制度》,这是为了保证顺利、有效地实施会计准则所采取的措施,以便做到改而不乱。四是企业自行制定的会计制度,由企业根据《企业会计准则》和《企业会计制度》等制定。《企业会计制度》和企业自行制定的会计制度统称为会计制度。

➤ 10.4.2　我国会计规范的具体内容

我国的会计法律规范包括以下几个层次:

1. 会计法

《中华人民共和国会计法》是会计工作的根本大法,凡是在我国境内的企业、行政事业单位和其他组织都必须依照其规定来办理会计事务。会计准则、会计制度和其他会计法规也是以其为依据来制定的。

新中国成立以后,我国于 1985 年首次颁布《中华人民共和国会计法》,当时主要是为了适应改革开放的需要,维护财经纪律,保障会计人员履行会计职责并享有相应的合法权利。后来,随着"两则两制"的实施,于 1993 年 12 月对其进行了修订。此后,为了解决现实中日趋严重的会计信息失真问题,于 1999 年 10 月对其进行了再次修订。重新修订后的《中华人民共和国会计法》自 2000 年 7 月 1 日起施行。

2. 会计准则

会计准则是会计人员从事会计工作的规则和指南。会计准则是对会计工作实践经验的总结和概括,并用来指导会计实践。会计准则可以由民间机构制定,也可以由政府制定,在我国由国家财政部负责制定。按其使用单位的经营性质,会计准则可分为营利组织的会计准则和非营利组织的会计准则。

我国企业会计准则具体准则 2006 年发布了 38 个,2014 年发布了 3 个,共 41 个。会计准则一般分为两个层次,第一个层次是基本准则,第二个层次是具体准则。基本准则的适用面广,对会计工作具有普遍的指导意义,并且是制定具体准则的依据。具体准则是对会计工作所做的具体规定和要求,体现了基本准则的要求,两个层次的准则必须保持协调一致。

3. 会计制度

会计制度是从事会计工作的具体行为规范。在新中国成立以后的很长一段时期内,我国财政部主要以颁布统一会计制度的办法来规范全国的会计工作。在 1993 年以前,我国的会计制度按照行业和所有制形式加以制定,当时全国有 60 多个会计制度。改革开放后,由于企业所有制形式多样化,企业经营方式多元化,以及新经济业务的不断出现,分行业、分所有制的会计制度已经不再适用,因此财政部于 1992 年 11 月颁布了《企业会计准则》,同时在具体会计准则尚未出台的情况下,陆续颁布了 13 个分行业的会计制度,取代原来的会计制度,形成会计准则与多种会计制度并存的格局。此后,随着发展社会主义市场经济总目标的确立,我国的社会经济环境发生了重大变化,为了适应新形势的要求和全球经济一体化的发展趋势,提高会计信息质量,防范和化解金融风险,并与国际会计惯例接轨,财政部于 2000 年 12 月颁布了《企业会计制度》,从 2001 年 1 月 1 日起在上市公司实施,从 2002 年 1 月 1 日起在外商投资企业实施,并逐步推行到国有企业和民营企业。《企业会计制度》适用于我国境内除金融企业和小规模企业以外的所有企业,它打破了行业界限,借鉴了国际上通行的会计处理方法,扩大了谨慎原则的应用,在一定程度上解决了由于会计规则不科学所造成的会计信息失真问题。同时,财政部还另外制定有《小企业会计制度》,适用于不对外筹集资金、经营规模较小的企业。

4. 与财务会计有关的其他经济法规

除了会计法、会计准则和企业会计制度外,我国还陆续颁布了一些行政法规来规范会计工作,如《会计人员职权条例》《企业财务会计报告条例》《会计档案管理办法》等。此外,还有一些会计工作规定分散在其他经济法规中,如公司法、证券法、税法、票据法等。这些法规中与会计有关的规定,也都是会计核算所必须遵守的,因此也可将其归为财务会计规范的一部分。

10.4.3　会计制度的基本内容

企业会计制度是各项会计业务的具体处理办法,通常包括以下几个方面:

(1)有关会计制度的原则规定。一般称为总则,包括会计工作的任务、会计制度所应遵循的原则等。

(2)有关会计业务核算的具体规定。如会计科目及其使用方法的规定;会计凭证、账簿、记账程序和记账方法的规定;会计报表的格式及其编制方法。

(3)有关财产管理、成本计算方面的规定。如有关固定资产和各项流动资金核算办法的规定、成本计算办法等。

(4)有关财产清查、会计人员交接和会计档案管理方面的规定等。

10.5　会计档案

会计档案是指会计凭证、会计账簿和财务会计报告等会计核算专业材料,它是记录和反映经济业务的重要史料和证据,是国家档案的重要组成部分,也是各单位的重要档案之一。各单位必须建立和健全会计档案的立卷、归档、保管、调阅和销毁等管理制度。

➤ 10.5.1　会计档案的保管

各单位每年形成的会计档案应由财会部门按照归档的要求,负责整理立卷或装订成册。当年的会计档案,可暂由财会部门保管一年,期满之后,编造清册移交档案部门保管。

保存的会计档案应为单位积极提供利用,原则上不得向外单位借出。如有特殊需要,须经上级主管单位批准,但不得拆散原卷,并应限期归还。

会计档案的保管期限,根据其特点,分为永久、定期两类。年度财务会计报告及某些涉外的会计凭证、会计账簿属于永久保管,其他属于定期保管。保管期分为3年、5年、10年、15年、25年五种。

➤ 10.5.2　会计档案的移交及销毁

撤销、合并单位和建设单位完工后的会计档案,应随同单位的全部档案一并移交给指定的单位,并按规定办理交接手续。

会计档案保管期满,需要销毁时,由档案部门提出意见,会同财会部门共同鉴定,严格审查,编造会计档案销毁清册,上报审批。对于其中未了结的债权债务的原始凭证,应单独抽出另行立卷,保管到结清债权债务为止。销毁会计档案时,应由档案部门和财会部门共同派员监销;各级主管部门销毁会计档案时应由同级财政部门、审计部门派员参加监销;销毁后监销人员在销毁清册上签名盖章,并将情况报本单位领导。销毁清册永久保存。

📝 本章小结

1.从广义上讲,凡是与组织会计工作有关的一切事项都可以包括在会计组织之内。从狭义上讲,会计工作组织仅包括会计人员的配备、会计机构的设置、会计法规的制定与执行以及会计档案的保管。科学地组织会计工作,对全面完成会计任务,充分发挥会计在经济管理中的作用具有重要的意义。

2.会计人员是从事会计工作、处理会计业务、完成会计任务的人员。企事业、行政机关等单位,都应根据实际需要配备一定数量的会计人员,这是做好会计工作的决定性因素。

3.会计机构是贯彻执行党和国家方针政策,制定和执行会计制度,组织领导和处理会计工作的职能机构。合理设置会计机构,明确工作任务,是保证会计工作顺利进行的重要条件。

　　4.会计规范是处理会计事务的法律、原则、程序和方法的总称,是进行会计工作的规则和准则。要使会计工作有组织、有秩序地进行,发挥其在核算、监督和加强经营管理、提高经济效益中的作用,必须建立科学的会计规范。

　　5.会计档案是指会计凭证、会计账簿和财务会计报告等会计核算专业材料,它是记录和反映经济业务的重要史料和证据,是国家档案的重要组成部分,也是各单位的重要档案之一。各单位必须建立和健全会计档案的立卷、归档、保管、调阅和销毁等管理制度。

复习思考题

　　1.简述会计工作组织的含义和要求。
　　2.会计机构和会计人员设置的原则有哪些?
　　3.简述我国会计规范的分层及会计规范的具体内容。
　　4.会计档案都包括哪些内容?
　　5.会计档案保管的要求有哪些?
　　6.会计档案移交及销毁的要求包括哪些?

实务训练题

　　1.背景资料:A公司只是一个规模较小的企业,为了节约成本,A公司不准备专门设立会计机构,只聘任了一名业务素质较高的会计人员单独负责处理公司的日常会计事务。
　　2.根据上述资料,分析 A 公司会计工作组织可能存在的问题,并提出解决问题的意见。

参考文献

[1] 黎成器.会计学[M].成都:四川大学出版社,2007.

[2] 全国会计从业资格考试辅导教材编写组.会计基础[M].北京:经济科学出版社,2014.

[3] 刘永泽,陈文铭.会计学[M].大连:东北财经大学出版社,2012.

[4] 陈国辉.基础会计[M].大连:东北财经大学出版社,2015.

[5] 陈红,姚荣辉.基础会计[M].北京:清华大学出版社,2014.

[6] 王俊生.基础会计学[M].北京:中国财政经济出版社,2008.

[7] 吴榕.基础会计[M].北京:中国经济出版社,2012.

[8] 田凤彩.基础会计[M].北京:北京大学出版社,2013.

[9] 李秀莲,张华.基础会计[M].北京:北京大学出版社,2012.

[10] 何杨英.会计基础[M].厦门:厦门大学出版社,2012.

[11] 翟纯红,郝家龙.会计基础[M].北京:中国时代经济出版社,2014.

图书在版编目(CIP)数据

会计学/李宏畅主编. —西安:西安交通大学出版社,
2015.6
普通高等教育"十三五"经济与管理类专业核心课程
规划教材
ISBN 978 - 7 - 5605 - 7394 - 6

Ⅰ.①会…　Ⅱ.①李…　Ⅲ.①会计学-高等
学校-教材　Ⅳ.①F230

中国版本图书馆 CIP 数据核字(2015)第 118446 号

书　　名	会计学
主　　编	李宏畅
责任编辑	史菲菲

出版发行	西安交通大学出版社
	(西安市兴庆南路 10 号　邮政编码 710049)
网　　址	http://www.xjtupress.com
电　　话	(029)82668357　82667874(发行中心)
	(029)82668315(总编办)
传　　真	(029)82668280
印　　刷	陕西奇彩印务有限责任公司

开　　本	787mm×1092mm　1/16　　印张 11.75　　字数 275 千字
版次印次	2015 年 6 月第 1 版　　2015 年 6 月第 1 次印刷
书　　号	ISBN 978 - 7 - 5605 - 7394 - 6/F·522
定　　价	24.80 元

读者购书、书店添货、如发现印装质量问题,请与本社发行中心联系、调换。
订购热线:(029)82665248　(029)82665249
投稿热线:(029)82668133
读者信箱:xj_rwjg@126.com